2019

Ein bisschen was zum Schwärmen
in der Vergangenheit –

(N)ostalgie ist keine
Sünde, sollte aber
in Maßen genossen werden.

Deine Enkeltochter

Sara Sune

&

Sebastian

D1722116

Suomi – Finland

UNTER DEM HIMMEL OSTBERLINS

Finland

Seppovaara

...ami
Vasikkahaka
...420 Jorvas
Finland

...ani Seppovaar...
...ikkahaka
...420 Jorvas

DDR 25
Chrysanthemum-carinatum
Blüten in Dolden

DDR 10
1917 1984

ARNOLD ZWEIG
Der Streit um den
Sergeanten Grischa
EINSETZUNG
EINES
KÖNIGS
DAS BEIL VON WANDSBEK

SÄCHSISCHER POSTILLON UM 1850

An der Glücksquelle

Der Weiße See blinkt. Das Geräusch der Straßenbahn im Hintergrund lässt mich an die Töölö-Bucht in Helsinki denken. Ich ziehe mein Hemd aus und rudere gemächlich zum *Café Milchhäuschen*. Das Boot riecht nach Teer, es drückt Blätter unter sich nieder, die im Kielwasser wieder an die Oberfläche schnellen.

Leo sitzt auf der hinteren Bank, er hält die Hände ins Wasser und summt *Sunny Afternoon* von The Kinks. Karpfen plätschern im sonnenbeschienenen See.

In eben diesem Boot hat Leo, wie er mir erzählt, den Bericht über die Budapester Konferenz getippt, auf der wir im vergangenen Sommer Freundschaft geschlossen haben. Er hat das Boot treiben lassen. Die Schreibmaschine stand auf einem quergelegten Brett. Als er die Zusammenfassung über die Aussichten der Weltwirtschaft fertig hatte, hat er sich hingelegt und ein Schläfchen gehalten.

In die Akademie der Wissenschaften geht Leo nur einmal in der Woche. Seit seinem Studium arbeitet er häufig im Boot. Hier im See hat er auch schwimmen gelernt, und hier hat er seine erste Liebe erlebt.

Ich halte die Ruder still und sage, dass mich die Stechuhr fertig macht, denn die Art meiner Aufgaben ist damit eigentlich nicht vereinbar. Die Woche in Budapest unterbrach für kurze Zeit diese Qual. Das finnische Arbeitsleben ist größtenteils hoffnungslos steif, bürokratisch und autoritär. In der Schule, damals, als ich einen Aufsatz mit dem Thema *Die Arbeit als höchste Quelle des Glücks* schrieb, hatte ich keine Ahnung davon.

Leo liebt seine Arbeit in der Akademie. Er bekam die Stelle vor ein paar Jahren, als er sein Studium abgeschlossen hatte. Momentan verfasst er für die Schriftenreihe der Akademie einen Artikel über die ökonomischen Probleme der DDR. Das Problem dabei ist der Mangel an ökonomischen Problemen. Außerdem muss in dem Text unbedingt einer von Lenins unsterblichen Gedanken untergebracht werden.

Für seine Fahrten benutzte Leo ein Moped der Marke Simson. Er hat es sich angeschafft, angeregt durch das Motorradtagebuch von Che Guevara.

Einmal hat mich mein Onkel auf seinem Uraltmoped mitgenommen. Am Benzintank glänzten Hammer und Sichel. In Moskau hatte er außerdem eine Taschenuhr mit Leninbild erworben. Nachts steckte ich ihm einen Lenin aus Aluminium in seine Fischreuse. Als er am Morgen nachsah, glaubte er, die Statue sei ein wundersames Zeichen dafür, dass die Revolution vor der Tür steht.

Das Boot gleitet in eine moderig riechende Bucht. Ich befestige die Leine am Ast einer Buche. Wir holen uns Bier und setzen uns auf die Terrasse des Milchhäuschens, die zum Strand hin gelegen ist. Das Bier mildert den Druck im Kopf. Das Hinterhoffest in der Lychener Straße hatte bis in den frühen Morgen gedauert.

Ich zeige meine Fotos von der Tagung in Budapest. Auf jenem, das zuoberst liegt, sitzen wir beim Picknick am Ufer der Margareteninsel. Penny, die die englische Zentralbank vertrat, watet in der Donau.

Penny nahm Leo mit ins Gellèrt-Bad und ins Hotel. Ihr Tagegeld war zwanzigmal höher als Leos. Wenn sie die englischen Pfund schwarz in Forinth umtauschte, wurde der Unterschied noch mal um ein Fünffaches größer. Für sie ein Beweis, dass der Kapitalismus als System hundertmal effektiver als der Sozialismus ist.

Wir ehren

KARL MARX

durch hohe Leistungen
im sozialistischen Wettbewerb
1983

täglich Gemüse
Rotkohl A
Kg. -.50

Kohlrabi A
Kg -.40

Die Kindheit

Ich stelle fest, dass ich in einen fremden Stadtteil gelangt bin. Die Nummer der Straßenbahn war richtig, aber die Richtung stimmte nicht.

Der Regen droht stärker zu werden. Ich gehe in ein Café und kaufe mir eine Tasse Tee. Die Aluminiummünzen, die ich auf meinen Geldschein herausbekomme, sind leicht wie Gedanken.

Am Fenstertisch löffelt ein Junge rosa Joghurt. Zwischendurch kaspert er herum und amüsiert sich über sein ovales Spiegelbild, das der glänzende Metallbecher wiedergibt.

Der Vater des Jungen löst ein Kreuzworträtsel im *Neuen Deutschland*. Das ist ein Zeitvertreib, nicht anders als wenn Wirtschaftstheoretiker mathematische Formeln aufstellen. Das Leben ist zu kurz, als dass man es müde werden könnte, die Zeit totzuschlagen.

Jenseits der Spitzengardinen gibt es spärlich beleuchtete Straßen, rührende Ostautos, Kohlehaufen, die Schönschrift farbiger Neonschilder und diverse Schaufensterauslagen: Würste und Kohlköpfe, die mit Nelken aus Krepppapier verziert sind, Reihen mit Waschmittelpaketen und Pyramiden aus Konservendosen. Über den Kohlköpfen prangt das Porträt von Karl Marx.

Im Schaufenster unmittelbar gegenüber sind die Säume eines Traumes aus Chiffon mithilfe von Nylonschnur schwungvoll ausgebreitet. Ein Strumpffächer schwebt in der Luft, ganz wie im Laden von Selma Palmu im heimischen Helsinkier Viertel. Ein Text, auf Pappe gemalt, verspricht, dass Kleidung zu gesenkten Preisen verkauft wird. Die Buchstaben werden zum Rand der Pappe hin kleiner und dichter.

Ich fühle mich in das poetische Helsinki meiner Kindheit zurückversetzt, kneife die Augen zusammen. Mein Vater bringt mir ein Glas Fruchtshake, ich trinke ihn durch einen Strohhalm. Wir sitzen in der Milchbar des Kinotheaters Bio Rex, haben uns den Film über die Abenteuer von »Pekka Holzkopf« am Suezkanal angesehen. Pekka füllte seinen Helm mit Wasser, versenkte ihn im glühend heißen Wüstensand und kochte Eier darin. Friedenssicherung fand jedoch auch statt.

Der Junge wischt sich die Mundwinkel ab. Wird vielleicht eines Tages der Geschmack von rosa Joghurt Erinnerungen in ihm wecken?

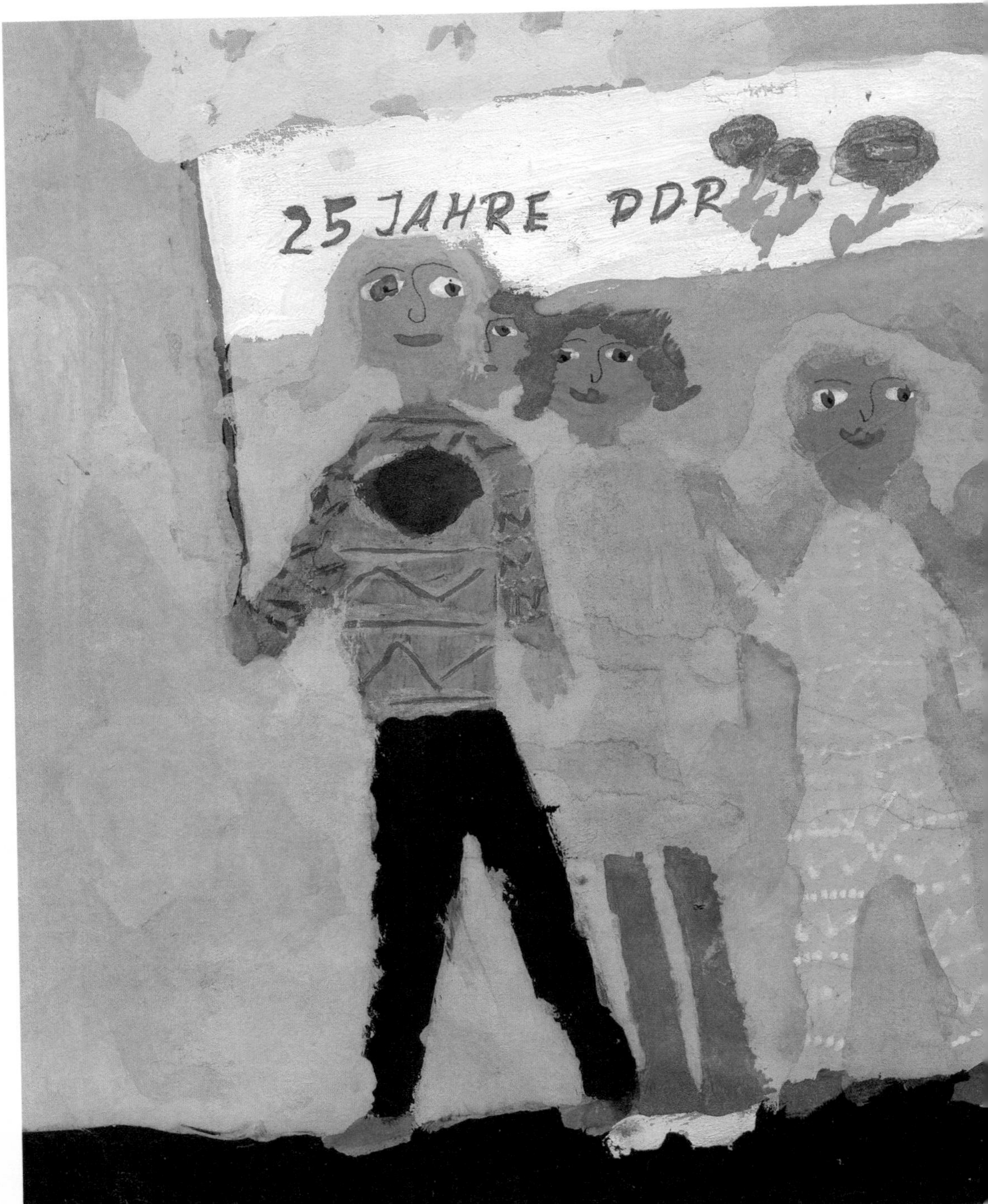
25 JAHRE DDR

Lychener Straße 16

Die Hofbirke ist bereift. Eisiger Wind bläst durch das kaputte Fenster der Toilette herein. Auch in Leos Wohnung friert man; vielleicht härtet einen das gegen kosmische Kälte ab.

An der Decke hängt eine Glühbirne, die kein Licht gibt. Die Taschenlampe aus Blech, die auf dem Sitz bereit liegt, stammt aus der Fabrik Narva. Im Renlund-Markt in Helsinki wurden die Dinger für fünf Mark verkauft. In den Sommerhütten der Finnen kann man ähnliche finden, hergestellt von Airam; sie haben ein Froschauge.

Die schlichte Taschenlampe passt gut in die Hand und ist funktionssicher. Der sozialistische Mensch braucht keinen überflüssigen Zierrat.

An der Wand klebt ein Foto, auf dem der behelmte Erich Honecker mit Arbeitern des Zementkombinats spricht. In den Gesichtern der Arbeiter spiegelt sich Freude. Der Hauptvertrauensmann hat Honecker einen Nelkenstrauß überreicht.

Die Bewohner zweier Etagen benutzen dieselbe Toilette. Dieter, der eine Treppe tiefer wohnt, hat das Foto angepinnt. Ihn hat man zur Arbeit in der Zementfabrik zwangsverpflichtet. Tagsüber schweißt er Eisenteile zusammen, in die Beton gegossen wird, sodass Bauplatten entstehen. Abends leitet er einen Bildhauerkurs an der Volkshochschule. Gern würde er sich ganz der Kunst widmen.

Neben Dieter wohnt Herr Winter, ein Furcht einflößender Riese, den niemand recht kennt. Er grüßt die Hausbewohner nicht und bekommt keinen Besuch. Man weiß nur, dass er unlängst bei einer Amnestie zum 30. Jahrestag der DDR aus dem Gefängnis entlassen wurde.

Der süßsaure Geruch von Linsensuppe hängt im Treppenhaus. Hilde kocht oft Suppe. Sie sitzt den ganzen Tag am Fenster und weiß über alle Hausbewohner Bescheid. Als sie einst mit ihren Eltern hier einzog, herrschte noch Kaiser Wilhelm II.

Bei meinem ersten Berlin-Besuch bot mir Hilde in ihrer Wohnung ein Glas Sherry an. Die Birke schlug aus. Eine Amsel baute sich ein Nest im Baum, und ein Mädchen mit Zöpfen sprang im Hof Seil. Mir ist, als höre ich immer noch das Platschen ihrer Sandalen, das vom Echo durch die Hofschlucht getragen wurde.

Der Schatten des Treppengeländers weckt frühe Erinnerungen. Ich schlafe ruhiger als je zuvor in meinem ganzen Erwachsenenleben. Vielleicht kommt es vom Müßiggang und vom Gefühl, in die Kindheit zurückgekehrt zu sein.

Renate und Horst

Leo steht neben seiner Schwester Ines, er hält ein hölzernes Lastauto in der Hand. Auf dem nächsten Foto sitzt die Familie auf der Zuschauertribüne des Jahn-Stadions. Renate sagt, dass Ines gerade die Meisterschaften der DDR im Radfahren gewonnen hatte.

Ines wurde 1940 geboren, zu jenem Zeitpunkt war Horst bereits als Soldat im Krieg. Als Renate während unseres Gesprächs in die Küche geht, erzählt Horst, dass er nach dem Einmarsch in Paris ein Bordell besucht hat. Hitler kam erst später in die Stadt. Einen Stalingrad-Platz gab es damals noch nicht – und es hätte ihn auch nie geben müssen.

Horst ergab sich mit dem Rest seiner Truppe nach der Landung der Alliierten in der Normandie. Er wurde interniert und in ein Gefangenenlager nach Boston verschifft. Dort arbeitete er in der Küche. 1947 kehrte er nach Deutschland zurück, in die sowjetische Besatzungszone. Er brachte einen Sack voller Zigaretten, Kaffee, Schokolade, Parfüm und diverser anderer westlicher Wunderdinge mit. Es gelang ihm, sämtliche Kontrollpunkte zu passieren, indem er Zigarettenschachteln verteilte.

In Dresden wanderte Horst mit seinem Sack durch die Ruinenberge. Sein Wohnhaus gehörte zu den wenigen, die stehen geblieben waren. Er ließ seinen Sack fallen und rannte hinein zu Renate. Später holte er dann auch den Sack nach.

Auf Hitlers Ruinen begann man den Sozialismus aufzubauen. Renate wurde Personalchefin einer Zementfabrik, und Horst arbeitete als Werkleiter des Medizintechnischen Werkes. Keiner der tausend Beschäftigten des Werkes nahm am Aufstand von 1953 teil, wofür Horst mit einer Urkunde belohnt wurde. Der schlimmste Mangel war inzwischen vorbei, und Horst konnte wieder täglich ein Haarwasser benutzen, das aus Birkensaft hergestellt war.

An den Feiertagen hängten Renate und Horst sowohl die DDR-Fahne als auch die rote Fahne aus dem Fenster. Renate überzeugte ihre Nachbarn, ebenfalls beide Fahnen zu hissen. In der Kaufhalle nannte man sie die rote Renate.

Horst wäre gern mit seiner Frau nach Paris gefahren. Renate hätte von ihrem Betrieb vielleicht die Reiseerlaubnis bekommen, aber beide gemeinsam hatten keine Chance. So führte er Renate für eine Woche nach Moskau. Er hatte die Reise bei einer Lotterie der Gewerkschaft gewonnen.

Die Familie zog 1957 nach Berlin. Ines nahm an Wettkämpfen in der ganzen Welt teil und bekam als Auszeichnung eine Reise zu den Olympischen Spielen nach Rom. Von ihren Auslandsaufenthalten brachte sie stets Geschenke mit, obwohl sie über die westlichen Preise schimpfte. Leo trug als erster in seiner Weißenseer Schule Jeans.

Horst nimmt aus der Glasvitrine seines Bücherregals aus Edelholz die Kognakflasche und Gläser. Zum Kaffee essen wir Pfannkuchen, die ich mitgebracht habe. Die Verkäuferin in der Bäckerei Siebert erklärte mir, dass die Dinger im übrigen Deutschland Berliner, in Berlin jedoch Pfannkuchen genannt werden.

Die Familie Siebert unterhält die Bäckerei an diesem Standort bereits seit Beginn des Jahrhunderts. Die Herrscher kommen und gehen, aber die Bäckerei bleibt.

Leo, Renate, Horst und Ines.

Begnadigung

Jemand hämmert an die Tür. Ich fahre hoch, meine Schlafkammer befindet sich unmittelbar neben dem Eingang. Der Störenfried scheint Herr Winter zu sein.

Ich höre, wie sich im Treppenhaus Schritte entfernen. Die Leuchtzeiger des Weckers zeigen eine frühe Morgenstunde an. In der Küche tropft der Wasserhahn.

Als ich wieder am Einschlafen bin, wirft sich jemand von außen gegen die Tür, das Splittern von Holz ist zu hören, und dann knallt die Tür auch schon innen gegen die Wand. Herr Winter hält ein Brotmesser in der Hand.

Ich lasse mich rasch unter das Bett fallen und halte den Atem an. Herr Winter fordert uns auf, die Hunde festzubinden und verschwindet gleich darauf.

Leo geht nach unten, um von der Telefonzelle aus die Polizei anzurufen. Als er zurück kommt zündet er sich eine Zigarette an. Er würde Herrn Winter gern gegen ein Dutzend Sicherheitspolizisten eintauschen. Plötzlich fällt ihm ein, dass ich laut obligatorischer Besuchserlaubnis in der Wohnung seiner Frau gemeldet bin. Andernorts zu übernachten, ist gesetzwidrig.

Im Treppenhaus sind Schritte zu hören. Leo fordert mich auf, mich unter dem Bett zu verstecken. Der Fußboden ist mit einer Staubschicht bedeckt, ich muss niesen. Leo sagt den Polizisten, dass sein Cousin aus Dresden zu Besuch da sei, dieser habe eine Kehlkopfentzündung und dürfe nicht sprechen.

Die Polizisten verlassen die Wohnung. Das Poster mit Chaplins Vagabund, das mit Reißzwecken an der Tür befestigt war, ist zerrissen. Leo nimmt es ab, entfernt die Holzsplitter und richtet mit dem Hammer die Scharniere gerade. Wir hängen die Tür wieder ein und stützen sie von innen mit der Leiter ab.

Hildes Katze maunzt im Treppenhaus. Leo hatte einmal beobachtet, wie Herr Winter sie andächtig streichelte.

Rabe, Rabe, Du!

Aus dem Reisighaufen steigt eine dicke Rauchwolke auf, durchbrochen von seitlich einfallenden Sonnenstrahlen. Wir sitzen auf einem umgestürzten Baumstamm am Familiengrab Münchhausen. Licht und Schatten spielen auf der rissigen Steinplatte.

Zwei Spatzen zanken sich um einen Brotkanten, versuchen sich gegenseitig zu verjagen. Federn fliegen nach allen Seiten. Ich muss daran denken, wie sich im Roman »Die Brüder Karamasow« der sterbende Iljuschetschka wünscht, auch jenseits der Grenze von Vögeln umgeben zu sein. Er wünscht sich, sein Vater möge Brotkrumen auf sein Grab streuen, nachdem es zugeschaufelt worden ist.

Der jüdische Friedhof von Weißensee ist für Leo eine große Oase im Herzen der Stadt. Im Frühjahr bilden die Ahorn- und Lindenbäume ein Schatten spendendes Laubdach. Die Klarheit des Frühsommers wird nach und nach von dunkleren Farbtönen abgelöst. Der kahle Spätherbst ist von trauriger Schönheit. An den Winterabenden kann man den hellen Sternenhimmel bewundern. Die Lichter der Stadt und der Verkehrslärm bleiben hinter den Mauern ausgesperrt.

Wir wandern über das üppig bewachsene Gelände. Leo ist gerade von einer Dienstreise aus Moskau zurück gekehrt. Dort hat er mit einer Freundin eine Nacht an Bulgakows Grab verbracht, sie haben Wodka getrunken, Erinnerungen an die Studentenzeit ausgetauscht und gesungen: *Rabe, Rabe, Du! Was fliegst du über meinem Kopf so nah? Nein, Mein Aas soll nicht dein Fraß sein. Fliege weg. Ich gehör nicht dir!*

Die Freundin hatte zur gleichen Zeit mit ihm in Moskau studiert. Fast die Hälfte der DDR-Studenten waren Mädchen, und viele kamen aus Arbeiterfamilien. Die schulische Leistung war entscheidend für die Auswahl. Die Studenten aus den anderen sozialistischen Ländern entstammten eher der Elite ihres Volkes. In der Gruppe der Rumänen befand sich kein einziges Mädchen.

Der Spaßmacher des Wohnheims war der Genosse Weng-Ti aus Nordvietnam. Er war ein guter Koch und lehrte Leo, mit Stäbchen zu essen.

Weng-Ti nahm an einer Fete teil, die die Ostdeutschen im Clubraum organisiert hatten. Im Laufe des Abends unterhielt er sich mit Leo über die

Probleme geteilter Länder. Weng-Ti hatte Verwandte in Südvietnam und keinerlei Möglichkeit, mit ihnen Kontakt zu halten. Wegen dieses Abends schickte man ihn mit dem nächsten Zug nach Hanoi zurück.

Leos Fach war Politische Ökonomie, sein vorrangiges Thema die Marx'sche Entfremdungstheorie. Er diskutierte mit seinen sowjetischen Professoren über die Dezentralisierung der Wirtschaft, Entbürokratisierung und andere notwendige Veränderungen. Die Atmosphäre dort war viel liberaler als an DDR-Hochschulen. Andererseits hielten die westdeutschen Genossen, die sich in Moskau weiterbildeten, Leo und seine Mitstreiter für Ketzer.

Als Leo im fünften Studienjahr war, wurden er und sein Freund Ulli in die DDR-Botschaft beordert. Der Anlass war fadenscheinig: sie hatten im Wohnheim die Matratzen von den quietschenden Bettgestellen befreit, Poster von »Carmen« und »Boris Godunow« an die Wand gepinnt und lebten gerne bei Kerzenlicht. Der Botschaftssekretär wies sie unter anderem darauf hin, dass Kerzen in die Kirche gehörten.

Da sie nicht vor den Parteibonzen katzbuckelten und sich nicht jedem Parteistandpunkt vorbehaltlos beugten, wie die Mehrheit ihrer Kommilitonen, gab man ihnen achtundvierzig Stunden Zeit, ihre Sachen zu packen.

Renate wartete auf dem Ostbahnhof und weinte. Sie wusste bereits, dass Leo für anderthalb Jahre zur Armee gehen sollte. Auslandsstudenten waren normalerweise von der Wehrpflicht befreit. Der Kaderleiter des Ministeriums für Außenhandel hatte Leo eine »miese Raupe« geschimpft und seine Mutter am Telefon beleidigt.

Leo schrieb eine Eingabe an die Zentrale Parteikontrollkommission über die Vorfälle und Diskussionen in Moskau. In seinem Bericht brachte er auch die Entgleisungen des Kaderleiters zur Sprache. Horst wandte sich an einen führenden Genossen, der für die Auslandsstudenten zuständig war.

Eines schönen Tages erschien ein Offizier des Wehrkreiskommandos und überbrachte die Meldung, dass Leo seinen Einberufungsbefehl zerreißen sollte. Er und sein Mitstreiter wurden ins Ministerium für Volksbildung bestellt. Der zuständige führende Genosse erklärte, dass beide Seiten Fehler gemacht hätten. Leo und Ulli durften nach freier Wahl weiter studieren.

Blindtest für Strumpfhosen

Ein Windstoß fährt durchs Fenster herein und lässt die Wimpel der
Zementfabrik flattern, die den Delegationsmitgliedern überreicht
worden sind. Der Vorsitzende der Handelskommission lobt das herrliche
Frühlingswetter, das die Finnen nach Berlin mitgebracht haben. Nachdem
er die Tagesordnung erläutert hat, unterstreicht er die Nützlichkeit des
bilateralen Handelsvertrages und spricht den Wunsch aus, dass sich auch
die politischen Beziehungen positiv entwickeln mögen. Ein erfolgreicher
Kampf für Frieden und gesellschaftlichen Fortschritt schafft dafür die beste
Grundlage.

Der Leiter der finnischen Delegation knöpft sein zu enges Jackett auf und
vergleicht den Kreditrahmen mit der Höhe des Handelsumsatzes. Er schlägt
die Erweiterung des Rahmens vor. Die Formen der wirtschaftlichen und
wissenschaftlich-technischen Zusammenarbeit lassen sich durchaus noch
entwickeln, führt er aus. Der Kohleimport aus der DDR hat die Zielstellung
nicht erreicht, hingegen haben die Kupferlieferungen Finnlands erfreulich
zugenommen.

Die Ostdeutschen verkaufen ihre Waren zu Dumpingpreisen, und das
ufert aus, findet der Vertreter des finnischen Industrieverbandes. Die
Importpreise von elektrischen Lampen, Strümpfen und Kunstlederkoffern
decken vermutlich kaum die Rohstoffkosten. Er verteilt eine Kalkulation,
die beweist, dass die ostdeutschen Strümpfe künstlich billig gehalten werden.

Meine Großmutter pflegte zum Stopfen eine Glühbirne in den Strumpf zu
stecken. Die Strümpfe der Dolmetscherin haben Quersteifen in Pastelltönen.
Sie hat ein Tuch um den Hals geschlungen, das hinten geknotet ist.
Im Gegenlicht wirkt es, als stünde ihr Haar in Flammen.

In der Beratungspause rückt die Vertreterin des Außenministeriums ihre Schulterpolster zurecht. Sie sagt, dass die ostdeutschen Strümpfe beim Blindtest die meisten Punkte erhalten haben. Ihrer Meinung nach wäre es nicht sinnvoll, die Strümpfe einer Einzellizensierung zu unterziehen.

Der finnische Delegationsleiter verlangt von seinen Landsleuten Augenmaß. Es gehe um eines der bedeutendsten Exportvorhaben, das man nicht wegen ein paar Säcken Zement oder wegen Strumpfhosen aufs Spiel setzen dürfe. In den Ostblockländern sei man in diesen Dingen eben nicht so firm, peile bei der Preisbildung einfach über den Daumen. Um die Stimmung zu heben, macht er ein paar Scherze.

Der Vorsitzende der Kommission runzelt die Brauen, er entnimmt seinem Aktenkoffer einen Stapel Papiere, legt ihn auf den Tisch, streicht mit der Hand darüber, als wolle er Brotkrumen wegwischen, und lässt das Schloss zuschnappen. Er weist die Vorwürfe des Billigimports zurück. Dollars, Devisenkurse, Tonnen und Prozente purzeln aus dem Gehege seiner nikotingelben Zähne. Die buschigen Brauen sehen aus wie Schmetterlingslarven.

Bald verpuppen sich die Larven, die Kokons springen auf, Schmetterlinge kriechen heraus und flattern zitternd davon. Sie verschwinden wie der Wind.

Damenfeinstrumpf
maschenlaufhemmend
20 den

Hort der inneren Einkehr

In der Marienkirche erklingt eine Bach'sche Fuge. Die nördliche Wand ziert ein Fresko, das den Totentanz darstellt. Der Sensenmann führt den Reigen an, in dem Vertreter der verschiedenen Stände, vom Kaiser bis zum Narren und vom Papst bis zum Kirchendiener, vereint sind.

Silke moniert, dass die Menschen heutzutage dazu neigen, vor dem Tod den Kopf in den Sand zu stecken. Das zeugt von Lebensangst, findet sie.

Eine finnische Volksweisheit besagt, dass der Mensch lebt, solange man sich seiner erinnert. Ich glaube daran, dass Gott existiert. Andernfalls wären der Bau von Kirchen und die Andachten darin ohne Sinn.

Silke mag in den mittelalterlichen Kirchen das durch Glasmalereien gefilterte Tageslicht. Ein Hort der inneren Einkehr ist für sie ihr Holzhäuschen am Seeufer. Die Instandsetzung ist fast abgeschlossen, nur das Außenklo fehlt noch.

Ich verspreche, ein solches zu entwerfen und notfalls auch selbst zu errichten. Ich betrachte es als meine hehre Pflicht und als Beitrag zur sozialistischen Aufbauarbeit. Ein finnischer Mann vermag aus Holz notfalls sogar den Eiffelturm zu errichten.

Silke lächelt, so wie man über Kinder oder Fromme lächelt.

27020

EHREN-
URKUNDE

Als Zeichen der Anerkennung
hervorragender Leistungen
für die Nationale Volksarmee
wird

Genosse

Fromm, Alfred
(Name, Vorname)

die Medaille „Für Treue Dienste"

in *Bronze*

verliehen

Strausberg, den *07.10.1957*

Generaloberst

Minister für Nationale Verteidigung

Alfred

Ich nehme den Weg über das Dach, um Alfred eine Ginflasche zu bringen.
Er wohnt in der obersten Etage des Nachbarhauses. Gestern haben
wir zusammen auf dem Dach Schach gespielt. Unser Spiel ähnelte der
Sizilianischen Verteidigung von Smyslow und Bronstein im Jahre 1951
in Moskau. In der Entscheidungsphase begann es aus Richtung des
Fleischkombinates zu ziehen, und wir gingen nach drinnen.

Das Radio spielt einen alten Schlager. Wasserschäden haben Alfreds
Zimmerdecke ruiniert. An der Wand sind Brandspuren zu erkennen, und
vor dem kaputten Fenster hängt eine mottenzerfressene Decke. Die Luft ist
stickig vom Zigarettenrauch.

Alfred drückt die Kippe in einer Sardinenbüchse aus, zündet sich eine
neue Zigarette an und gießt Gin in die Gläser. Er zeigt mir eine vergilbte
Wochenpost. Der Zeitung erging es wie dem Trabant, beide ließen sich nicht
modernisieren.

Als kleiner Junge bewunderte Alfred die SS-Uniform seines Vaters und
wollte Hitlers Nachfolger werden. 1944 wurde sein Vater von französischen
Partisanen erschossen, Alfred war damals zehn Jahre alt. Als die Flugzeuge
der Alliierten Berlin bombardierten, hockte er mit seiner Mutter im Keller.
Das Haus stürzte ein, als wäre ein Orkan darüber hinweg gefegt. Alfred und
seine Mutter waren die einzigen Überlebenden.

Tränen rinnen Alfred über die Wangen. Er spielt schweigend mit dem
leeren Schnapsglas.

Als die russischen Soldaten in Berlin einmarschierten, brachten sie Brot
mit. Alfred erinnert sich ihrer mit Wärme. Nach dem Krieg zog seine Mutter
mit einem Sekretär der Kommunistischen Partei zusammen. Als der Mann
starb, konnten Mutter und Sohn in der Wohnung bleiben.

Alfred studierte Gesellschaftswissenschaften und Literatur. Das neue
System in der östlichen Hälfte gefiel ihm, und er zog ganz nach dort. Der
Bau der mächtigen Stalinallee und des antifaschistischen Schutzwalls
waren echte Herzensangelegenheiten für ihn. Er ging freiwillig zur Armee.
Danach machte er eine beachtliche Karriere als Journalist und wurde
stellvertretender Chefredakteur der *Wochenpost*.

Eine Sternstunde war für ihn die Vorführung des ersten atombetriebenen U-Bootes der Sowjetunion im Weißen Meer. Einige Jahre später wurden die Reaktoren der *Leninski Komsomol* bei einem Brand beschädigt. Sie wurden abgetrennt und mitsamt der Brennstäbe im Meer versenkt.

Bei einem Militärmanöver des Warschauer Paktes überquerten die Truppen von vier Ländern die Elbe. Die Verbindung zwischen ihnen klappte nicht richtig, und eines der Schiffe sank. Alfred schrieb einen wahrheitsgemäßen Pressebericht über das Manöver. Man versetzte ihn und übertrug ihm die stilistische Bearbeitung von Gesetzesentwürfen. Er korrigierte nebenbei auch deren Inhalt und ergänzte ein paar Fakten über Umweltschäden, die durch die Braunkohlekraftwerke entstanden.

Früh am Morgen wurde an seine Tür geklopft. Alfred kam in Untersuchungshaft, Dauer unbestimmt. Keiner seiner Freunde erfuhr, wo er abgeblieben war. Als er ein paar Schritte auf dem Dach des Gefängnisses in der Keibelstraße machen konnte, jubelten unten die Teilnehmer des Weltjugendfestivals: *Freundschaft, Freundschaft!*

Ein halbes Jahr später erhielt er sein Urteil: vier Jahre Haft. Alfred wurde im geschlossenen Waggon abtransportiert. Am Ziel erwartete ihn eine dunkle Zelle, auf der Holzpritsche konnte er nicht mal richtig die Beine ausstrecken. Schaben und Ratten leisteten ihm Gesellschaft. Zweimal am Tag wurden Wasser und Nudelsuppe in die Zelle gebracht. Aus der Dusche lief nur selten Wasser, die Notdurft musste er auf einem Eimer verrichten.

Als er wieder auf freiem Fuß war, warf man ihm Landstreicherei vor. Er verdiente sich seinen Lebensunterhalt, indem er leere Flaschen und Altpapier sammelte. Einige Bewohner in der Lychener Straße halfen ihm dabei. Er nennt seine Straße Rue de Ly.

Jetzt arbeitet Alfred als Toilettenwart in einem Wildrestaurant, das sich gegenüber des wohlbekannten Untersuchungsgefängnisses in der Keibelstraße befindet. Er sitzt an einem Tisch, der mit einem Tuch aus Waffelpikee bedeckt ist, darauf steht ein Teller mit Blumenrand. Tagaus tagein klingeln die Münzen der Gäste darauf nieder.

VOLKSPOLIZEI-INSPEKTION
Berlin-Prenzlauer Berg
Volkspolizeirevier 64

VP-Inspektion Berlin-Prenzlauer Berg
1058 Berlin · Schönhauser Allee 22

Herrn

Alfred Fromm

1o71 B e r l i n
Glaßbrennerstr.o2

Ihre Zeichen	Ihre Nachricht vom	Hausapparat	Unsere Zeichen	Datum
			/Boh.	28.o4.1983

Betreff:

Werter Herr Fromm!

Sie werden gebeten zwecks Klärung eines Sach-
verhalts auf hießiger Dienststelle,Volkspoli-
zeirevier 64 -ABV Dienstzimmer-,1o71 Berlin,
Wichertstr.64 Quergeb.ptr. am o2.o5.1983 um
1o,oo Uhr zu erscheinen.

Oberleutnant der VP

Fernsprecher:
44 06 0

Bankverbindung:
Staatsbank der DDR, Konto-Nr. 6666-16-100064

Sammel-Erlaubnisschein

für nichtmetallische Altrohstoffe

141

VEB Altstoffhandel Berlin

Personalausweis

Betriebsteilleitung Pankow

110 Berlin

J. R. Becher-Straße 31, Berlin

VEB Altstoffhandel Berlin

Tel.: 48 299 08

Raimo

El pueblo unido jamás será vencido! Das Festivalpublikum im »Haus der jungen Talente« schmettert den Refrain. Die chilenische Gruppe Quilapayún hat gerade ihr Konzert beendet, und bald wird die Gruppe Pankow eine Punk-Oper aufführen.

Ein geeintes Volk ist durch nichts zu besiegen, ruft Raimo. Es ist ein großartiges Gefühl, Solidarität mit dem antiimperialistischen Kampf der dritten Welt zu bekunden. Raimo gießt aus einem Flachmann Wodka in unsere halbleeren Vita-Cola-Flaschen. Das Colagetränk der DDR kann man mit gutem Gewissen trinken. Außerdem ist es erfrischend. Prost!

Sabine fährt Raimo im Vorbeigehen mit der Hand durchs Haar. Sie ist Solistin einer westdeutschen Singegruppe. Raimo hat mit ihr zusammen die Elektronikfabrik besucht, und sie waren beim Generalsekretär des Festivals zu Hause eingeladen. Der Mann hat mit seiner Familie nach sozialen Gesichtspunkten eine geräumige Wohnung bekommen, die mit allem modernen Komfort ausgestattet ist. Wohnungsspekulationen sind in der DDR unbekannt, und die Mieten sind kein einziges Mal erhöht worden.

Raimo schildert die vergangene Nacht mit Sabine. Es schneite. Sie hinterließen ihre Fußspuren in den leeren Straßen der Stadt. An der Weltzeituhr nahmen sie ein paar Schlucke aus der Flasche, tranken auf den Frieden und die internationale Solidarität. Dann kamen sie vom Thema ab und mokierten sich über den ulkigen Schlips, den der Generalsekretär getragen hatte.

Gegen Morgen betrachtete Raimo aus seinem Hotelzimmer in der 37. Etage die Stadt, die mit einem weißen Tuch verhüllt war. Der Anblick war märchenhaft.

Wir stoßen mit ihm auf diesen Anblick an. Raimo hat erkannt, dass der Aufbau des Sozialismus und der Kampf gegen den Faschismus Realität geworden sind. Der DDR ist es gelungen, das Volk aus der Talsohle zu ziehen, in die es Hitler mit seinen Schergen gestoßen hatte.

Auch der Marxismus-Leninismus hat hier für Raimo seine Verkörperung gefunden. Die bürgerliche Philosophie erscheint ihm lebensfremd. Er schätzt die Rolle der Sowjetunion als Dynamo des gesellschaftlichen Fortschritts, doch die wichtigsten theoretischen Anregungen hat er von den hiesigen Denkern empfangen. Der humane Vernunftglaube überzeugt ihn, und der Zirkel im Wappen erscheint ihm als das treffende Symbol dafür. Er hat versprochen, für die linke finnische Zeitschrift Soihtu über die moderne Triebkraft DDR zu schreiben.

Der Leiter des Studienzirkels daheim hat anschaulich erklärt, wie wichtig der planmäßige Einsatz der Ressourcen für die Arbeiterklasse ist. Im Getriebe der Wirtschaft knirscht es noch leise, doch die Richtung stimmt, und der Wohlstand basiert weder auf Ausbeutung noch auf Unterdrückung.

Auf dem nächtlichen Spaziergang hatte Sabine vom moralischen Verfall in ihrem eigenen Land gesprochen. Hier dagegen war ihr noch nirgendwo Porno begegnet.

Raimo hat für seine Mutter tschechisches Kristall gekauft, in Sabines Augen ist das kleinbürgerlicher Kitsch. Raimo ist derselben Meinung, doch er findet, dass man die Welt nicht durch eine Schwarzweißbrille betrachten darf. Hauptsache, die Gedanken bleiben kristallklar.

30 JAHRE DDR

FDJ

FACKELZUG DER FDJ

DDR
NATIONALE VOLKSARMEE

FDJ

FÜR GUTES WISSEN

EXPOSITION DDR

25 JAHRE
KAMPFGRUPPEN DER ARBEITERKLASSE

ICH KANN HELFEN

FDGB
25

SIGNAL DDR 20

25 JAHRE
PIONIERORGANISATION

25 JAHRE
DDR

FDJ

BERLIN

1964

AKTIVIST

FÜR FRIEDENSVERTRAG
1 MAI 1959

FRIEDEN

ДРУЖБА
FREUNDSCHAFT

Nebeneinander

Die Stadt bleibt hinter uns zurück. Silke hält das Lenkrad mit der rechten Hand und stützt den linken Ellenbogen aufs geöffnete Fenster. Auf ihren Ohrschmuck hat sie einen Schmetterling gemalt.

Als sie ihren Führerschein bekommen hatte, fuhr sie heimlich mit dem Trabi ihres Vaters. Nach der Fahrt bockte sie mithilfe ihres Bruders das Auto vorn auf und ließ es im Rückwärtsgang laufen, bis der Tacho wieder den ursprünglichen Kilometerstand anzeigte.

Der Lichtkegel huscht über die Straße, die in Kurven durch Wiesen und Felder führt, schwenkt über die Häuser eines einsamen Dorfes, taucht in den Wald ein. Kies prasselt von unten gegen das Auto, aus dem Rohr wirbelt Abgas. Die türkisfarbene Haube des Tachos sieht aus wie der kleine Bruder des Himmelszeltes. Ein Reh aus Chrom setzt auf der Spitze des Wolga zum Sprung an.

Das Auto hält vor dem Holztor. Ein Gemüsegarten umgibt das grau gestrichene Häuschen. Der schrille Ruf eines Stelzvogels zerreißt die abendliche Stille.

Im Zimmer riecht es sauber. Silke entzündet die Öllampe, stapelt Bretterstücke im Kamin und macht Feuer. Flammen lodern, und der Kamin faucht wie der alte gusseiserne Ofen in der heimischen Sommerhütte zu den Zeiten meiner ersten Liebe.

Ich zeichne die Umrisse des Außenklos auf die Titelseite der Verfassung. In der Broschüre, die mir Leo gegeben hat, sind die Rechte und Pflichten der Bürger aufgelistet. Die Sprache ist eindringlich. Zwischen den Seiten, die die Aufgaben des Ministerrates behandeln, steckt eine Quittung über 30 Pfennig, die von der Garderobe eines Fischrestaurants stammt.

Das Gesetz datiert vom April 1968. Zu jener Zeit wurden auf den Pariser Straßen Steine geworfen, die Forderung lautete: Poesie auf die Straßen und Phantasie an die Macht.

Ich zeichne zwei Löcher in das Brett. Es tut dem Menschen nicht gut, allein zu sein. Ausreichende Höhe ist wichtig, damit sich die Gedanken erheben können. Als Belag für das Spitzdach eignet sich Teerpappe. Das Gebäude ist klein, aber man kann weit in die Ferne sehen.

Die Tradition verlangt, dass die Tür mit einem Herzen verziert ist. Das Fenster wird zum See zeigen. Der Ährenkranz mit Hammer und Sichel auf dem Deckel der Broschüre inspiriert mich, das Fenster rund zu machen. Mein französischer Freund kann später Bleiglas einsetzen. Die Glasmalerei in ihren göttlichen Tönen wird sich im Wasser der Waschschüssel wiederspiegeln.

Baudelaires »Kleine Prosagedichte« mögen als Grundstock für die Lektüre dienen. In dem Buch wird ein Land des Glücks beschrieben, in dem Überfluss herrscht und es sich leicht atmen lässt.

VERFASSUNG
DER
DEUTSCHEN
DEMOKRATISCHEN
REPUBLIK

vom 6. April 1968

**in der Fassung des Gesetzes
zur Ergänzung und Änderung
der Verfassung der
Deutschen
Demokratischen
Republik
vom 7. Oktober 1974**

Staatszirkus

Wegen Leos Artikel zum Wertgesetz publizierte die Akademie der Wissenschaften ein geplantes Buch nicht. Es kam, wie Leo befürchtet hatte: in der sozialistischen Wirtschaft gibt es keine Probleme.

Der Artikel wurde Leo dennoch verziehen, was möglicherweise auf seine Freundschaft mit Stefan zurückzuführen war. Die beiden sind Studienkollegen und in ihren Ansichten auf derselben Linie. Stefans Vater, der Genosse H., ist Politbüromitglied.

Als Leo an der Ostsee zeltete, lud ihn der Genosse H. ins Ferienhotel des ZK ein. Es wurde schwer getrunken, echter Kognak und tschechisches Bier. H.'s Frau war glücklich über die Karo, die Leo ihr anbot. Sie liebte diese billige Ostzigarette, aber in ihrer Position konnte sie es sich nicht erlauben, sie zu kaufen.

Im Laufe des Abends kommen wir auch auf Leos Dissertation zu sprechen, die die Notwendigkeit und die Art und Weise von Wirtschaftsreformen behandelt. Das Thema hat zu tun mit der Arbeit des früheren Vorsitzenden der Plankommission, Erich Apel. Dieser war ein Vertrauter Walter Ulbrichts. Nach offizieller Verlautbarung erlag er einem Herzanfall. Wegen seines Todes wurde eine dreitägige Staatstrauer angeordnet.

Als die Männer mit den Aktentaschen, die am Nachbartisch saßen, gegangen sind, sagt Leo, dass Apel ein enger Kollege von Horst gewesen ist. Apel war gegen den Abschluss eines langfristigen Handelsvertrages mit der Sowjetunion, er fürchtete, dass dieser die DDR einengen und die Reformierung ihrer Wirtschaft verhindern könnte.

Als der Vertrag 1965 abgeschlossen wurde, erschoss sich Apel. Horst sah die noch frischen Blutspritzer. Wegen des Todesfalls wurde die Feier zum Vertragsabschluss abgesagt. Horst stand betroffen vor Renate, mit Krimsekt und einer Schüssel von dem schwarzen Kaviar, der für die Feier vorgesehen war. Den löffelte dann auch Leo, als wäre es Kohlsuppe.

Die Serviererin des *Café Kisch* tritt an unseren Tisch. Wir bestellen Eis mit Eierlikör und Kaffee.

Leo zündet sich eine Zigarette an. Bei seiner Arbeit an der Dissertation durfte er geheime Unterlagen des Politbüros, der staatlichen Plankommission und der Ministerien einsehen, die in einer alten Burg in Coswig lagern. Ein Teil der Originaldokumente ist handschriftlich. Sie zeugen von den Machtspielen der Regierungsorgane und den Methoden, mit denen die wirtschaftlichen Ziele festgelegt werden.

In jener Burg an der Elbe wurden sowohl unter Hitler als auch unter Stalin politische Gefangene gehalten und hingerichtet. Als Scharfrichter fungierte jeweils derselbe Mann. Es ist bekannt, dass er noch lebt. In den Kneipen der Stadt rätseln die Leute, wer er ist und ob er sich vielleicht gerade unter ihnen befindet.

Leo liebt die Elbe, die durch seine Geburtsstadt Dresden fließt. Die eheliche Liebe ist jedoch am Erlöschen. Er empfindet es als wohltuend, zwischenzeitlich an einem anderen Ort zu leben, doch er sehnt sich nach seinem Sohn Markus. Leo blickt zerstreut auf die Straße, wo der Wind die kahlen Äste einer Linde schüttelt.

In ein paar Monaten erwachen die Linden zu neuem Leben, und duftende Blätter sprießen. Ich gebe ein Zuckerstück von fünf Gramm in meinen Kaffee. Auf dem Einwickelpapier steht *Staatszirkus der DDR*.

Ein Mistschuppen öffnet sich der Poesie

Im Zimmer liegen bergeweise alte Brillen, gesammelt bei Optikern und Haushalten im ganzen Land. Katrin, Franz und Alfred reinigen die Gläser, Leo prüft mit dem Messgerät ihre Stärke, Maria schreibt die Angaben auf Klebeband und heftet es an die Bügel. Am Ende der Kette wickle ich die Brillen in weiches Papier und packe sie in Holzkisten.

Die Brillen sind für Nicaragua bestimmt, wo dringender Bedarf besteht. Leo hofft, dass diese Solidaritätskampagne die Revolution in Lateinamerika voranbringt. Die einzelnen Etappen der Aktion, die aus der Initiative einiger Freunde entstanden ist, kann man im Fernsehen verfolgen, bis hin zur Ankunft des Schiffes im dortigen Hafen.

Alfred vergleicht mit Franz, der im Haus gegenüber wohnt, seine Gefängniserfahrungen. Franz hatte in einer kleinen Buchdruckerei in Dortmund gearbeitet, bis er zu drei Jahren Haft verurteilt wurde, weil er Material zur Unterstützung der Kommunisten veröffentlicht hatte. 1966 wurde er entlassen und zog in die DDR. Jetzt gibt er die Zeitung der Industriegewerkschaft Chemie heraus.

Franz hält eine Brille mit verschrammten Gläsern prüfend ins Licht und sagt, dass der Warenhimmel des Westens perspektivlos ist. Der Mensch lebt nicht von Bananen allein. Hier bei uns hingegen werden humanistische Ideale gewahrt. Die sozialistische Wirtschaft dient dem Wohle des Volkes, die Männer kommen ohne spitze Ellenbogen aus, die Frauen sind bodenständig und betrachten es nicht als ihren Lebensinhalt, den Launen der Mode zu folgen.

Den Eurokommunismus und den von Leo befürworteten dritten Weg hält Franz für Phantasterei. Er kann all jene Leute nicht verstehen, die über die Zustände in der DDR schimpfen und Lügen verbreiten. Irgendein verbitterter Hohlkopf hatte einem dänischen Journalisten erzählt, dass die Grenzer an der Ostsee die Luftmatratzen der Badenden aufschlitzen.

Katrin schnaubt verächtlich. Sie wohnte früher in der Nähe einer Seifenfabrik in Straußberg, doch im Laden gab es keine Seife zu kaufen. Zement bekam man nur durch Beziehungen. Man konnte zwischen Rot- und Weisskohl wählen. Wenn offiziell behauptet wird, dass Waschmaschinen in der DDR ebenso verbreitet sind wie im Westen, dann sind verrostete Waschbretter mitgezählt.

Katrins Eltern hatten die Ausreise beantragt, doch der Antrag wurde abgelehnt. Danach stand täglich ein Lada der Stasi vor ihrer Tür. Katrin spielte mit ihrer Schwester über den Lada hinweg Federball. Die beiden Männer auf den Vordersitzen verzogen keine Miene.

Die Partei glaubt, für die Bürger das Paradies zu schaffen. Der Sozialismus eignet sich, so findet Katrin, vielleicht für ein Entwicklungsland wie Nicaragua. Hier jedoch funktioniert er nur zwischen zwei Menschen im Bett, wenn überhaupt.

Maria erzählt, dass sie mit ihrem Freund nach Prag gefahren ist, um dort seinen Geburtstag zu feiern. Unterwegs haben sie wieder im Misthaus, im Isergebirge auf tschechischer Seite, übernachtet. Gustav, der Betreiber der Herberge, ist Sudetendeutscher. Als er das Gebäude erwarb, war es ein Dunglager. Er verkaufte den Dung an die Bauern und bekam so annähernd die Kaufsumme zusammen. Einen benachbarten Gebirgsbach lenkte er um, sodass er durchs Haus fließt. Er reinigte das Gebäude, baute eine Küche und ein Badezimmer an den Bach und stellte im Raum Doppelstockbetten auf.

Jetzt ist die Herberge durchgehend geöffnet. Fast immer sind Dutzende von Gästen da. Wenn ein neuer Gast ins Haus kommt, weist Gustav ihn auf die Ordnung in Küche und Bad hin. In die Küche fließt ständig frisches Trinkwasser. Es ist himmlisch, beim Aufwachen das Wasser rieseln zu hören.

An den Wänden des Schlafraumes hängen Fotos und Ansichtskarten aus der ganzen Welt, außerdem ein Schild von der längsten Straßenbahnlinie Europas, die in Marias Heimatstadt existiert. Es ist die Straßenbahn Nummer fünf, die vom Zentrum von Halle bis nach Bad Dürrenberg fährt.

Die Doppelstockbetten befinden sich so dicht übereinander, dass an Sex kaum zu denken ist. Falls das Bedürfnis überhand nimmt, so gibt es ringsum die jungfräuliche Natur. Der nächste Weg ist einen Kilometer entfernt.

Die Gäste können kostenlos im Haus übernachten. Bedingung ist, dass Gustav von ihrem Proviant mitessen darf. Außerdem besteht für alle die Pflicht, an den gemeinsamen Abenden teilzunehmen. Da wird gegessen, getrunken, gesungen, getanzt, es werden Geschichten erzählt und Gedichte vorgetragen.

Die Spree fließt

Berlin und Umgebung, Reiseführer 1929. Darin werden die Verkehrsverbindungen, Sehenswürdigkeiten, Hotels und Vergnügungsmöglichkeiten beschrieben.

Der Dichter Eino Leino kannte das im Reiseführer vorgestellte Café Unter den Linden noch als Café Bauer. Er kehrte dort ein, um Mokka zu trinken, Landsleute zu treffen und finnische Tageszeitungen zu lesen.

Ich breite den Kartenteil auf der Bank aus. Die zerfledderte Stadt erstreckt sich bis jenseits der Mauer. Bis zu Silkes Gartenhäuschen reicht die Karte nicht. Der darin eingezeichnete Reichskanzlerplatz heißt heute Theodor-Heuss-Platz, zwischendurch hieß er Adolf-Hitler-Platz.

Die Dimitroffstraße, mir als U-Bahnstation vertraut, hieß laut der Karte Danziger Straße. Die jetzige Leninallee hieß Landsberger Allee, und sie wurde nicht gekreuzt von der Ho-Chi-Minh-Straße. Die Karl-Marx-Allee hieß Große Frankfurter Straße. Alfred baute dort die Stalinallee auf. Morgen heißt sie vielleicht Erich-Honecker-Allee.

Die Spree fließt in ihrem uralten Bett durch die Stadt. Manche Viertel umrundet sie von rechts, andere von links.

Die Stadt fließt nicht. Da ist der in der Sonne blinkende Fluss mit seinen Schleppkähnen, da sind Volksparks, hier und da hingestreute weiße Straßen, das Adernetz der Geleise, dazu Sportplätze, Friedhöfe und Hunderttausende Einwohner, lebende und tote.

Der Putz an den betagten Häusern blättert wie sonnenverbrannte Haut. In den Fenstern spiegelt sich der Himmel mit seinen Wolken wider. Aus Dachrinnen und Mauerrissen wachsen Birken, Sträucher und Butterblumen. Häuser werden abgerissen, andere, glückliche, werden restauriert, und es werden neue gebaut.

Die Mauer der Jugendstilvilla ist auf der Flussseite herausgeschlagen worden. Das Haus ist jetzt eine Puppenstube. Die helle Tapete des Salons schimmert wie ein Briefbogen. In den Zimmern sieht man die fahlen Stellen, an denen die Kachelöfen gestanden haben. Der Kohlenrauch ist verweht, die Erinnerungsstücke sind von den Simsen weggeräumt, die Träume davon geschwommen. Die Tauben nisten jetzt vielleicht unter dem Dach des Nachbarhauses.

Ich höre Flügelschlagen. In den Augen der Taube, die sich in den Himmel erhebt, ist die Stadt heil.

Berlin
und Umgebung
Kleine Ausgabe

1929

eiseführer

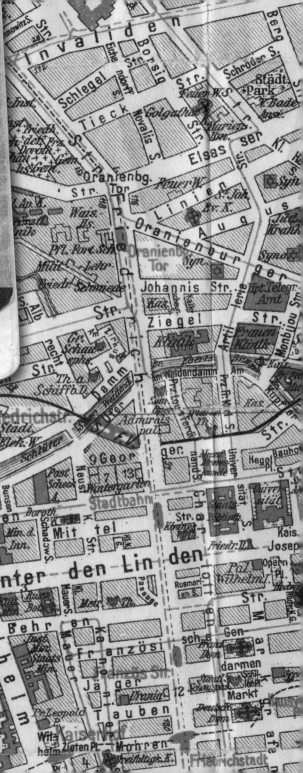

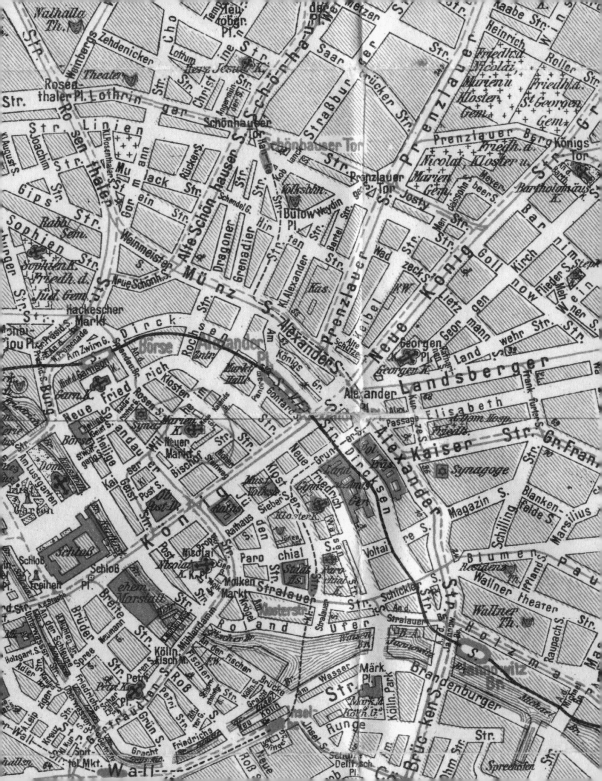

Das kurzbeinige Huhn

Die Bottleparty wurde mit Zetteln angekündigt, die Freunden und Bekannten an die Tür geheftet wurden. Die Gäste kommen durch die aufgeklappte Dachluke. Kerzen flackern auf den Rändern der Schornsteine. Ein Mann sitzt auf einem wackeligen Bürostuhl und stimmt sein Cello. Als Kopfbedeckung dient ihm der Schirm einer Stehlampe.

Katrin zeigt ihrer Tochter Maren das Stadthotel, das im Hintergrund aufragt. Als Katrin so alt wie Maren war, wohnte sie in der Karl-Marx-Allee. Abends betrachtete sie aus ihrem Schlafzimmer den roten Reklamebären für Berliner Pilsner, der auf dem Dach des Hotels leuchtete. Auf der gegenüberliegenden Straßenseite blinkten die Neonlampen des Café Moskau. Der Mond, der hoch über allem prangte, lachte schelmisch, weil das Sandmännchen mit seinem Raumschiff auf ihm gelandet war.

Katrins Großvater hatte im Krieg für die Sowjetunion spioniert. In der letzten Kriegsphase wurde er von SS-Männern erschossen. Als Belohnung für die Spionage und den Heldentod erhielt die Familie jene Wohnung in bester Lage. Später musste sie dort ausziehen.

Vor den Paraden am 1. Mai und am 7. Oktober wurde nachts in der Karl-Marx-Allee geprobt. Das Haus bebte, und die Raupenketten rasselten, wenn die Panzer die dunkle Straße rauf und runter rollten. Sie waren wie dunkle Mammuts aus einer anderen Welt; das rauchende Panorama war atemberaubend und faszinierend. Am eigentlichen Paradetag fuhr die Familie stets raus in die Datsche.

Katrin arbeitet im Elektronikkombinat, in dem Messgeräte herstellt werden. Wie es heißt, sind sie für die Kriegsindustrie des Iran bestimmt. Täglich befestigt Katrin sechstausend verschiedene Komponenten auf Platten. Ihre Hände arbeiten mechanisch, und ihre Gedanken sind ganz woanders. Ihr Lohn hängt davon ab, wie schnell sie ist. Die Angestellten im Büro bekommen ein festes Gehalt, und dort wird nur herumgegammelt, ein Ärgernis für die Leute am Fließband.

Runter vom Dach! Durchs Megaphon des Polizeiautos wird der Befehl wiederholt. Wir gehen an den hofseitigen Rand des Daches und kehren an unseren ursprünglichen Platz zurück, sowie das Auto weg ist. Leo sagt, dass die Polizisten zu faul sind, aufs Dach zu klettern.

Wir setzen uns auf eine Strohmatte, die wir auf dem Dachboden gefunden haben. Leo gießt Rotkäppchen-Sekt in die Gläser. Das Gespräch pausiert, als der Musiker eine Cellosonate von Bach spielt.

Katrin öffnet einen Plastikbehälter, in dem zwei gekochte Eier und ein kleiner Salzstreuer liegen. Sie ist gerade aus einem Dorf am Rande Berlins gekommen, wo ihr Onkel in einem Geflügelkombinat arbeitet. Er hat ihr Knickeier und große Exemplare mit zwei Dottern mitgegeben, die für den Verkauf ungeeignet sind.

Maren pellt ein Ei ab und beschreibt dabei das stinkende Käfigmeer. Es hatte sie an die Erzählungen ihrer Urgroßmutter von Konzentrationslagern erinnert. Diese Geschichten hatte sie sich später in der Schule bis zum Überdruss anhören müssen.

Im Kombinat wird eine in Weißrussland gezüchtete kurzbeinige Hühnerrasse erprobt. Die Eier fallen aus geringerer Höhe herab und knicken nicht so leicht ein. Ich erzähle, dass ich irgendwo gelesen habe, dass in Amerika den Küken rote Kontaktlinsen eingesetzt werden. So erkennen die Hühner kein Blut mehr, was den Kannibalismus eindämmt.

Das Naturell meiner ostfinnischen Hühner ist nicht durch irgendwelche Kreuzungen verdorben worden. Sie sind vitale, stolze Vögel mit gesunden Instinkten. Ein Leben im Käfig würden sie nie akzeptieren.

Der Weg ist frei

Wir gehen durch Prenzlauer Berg. Das Zwitschern der Mauerschwalben lässt mich an die Beratung der Handelsdelegation denken. Das war eine Leidensgeschichte, bei der einen nur der Anblick der ätherischen Dolmetscherin wach hielt.

Leo hat eine neue Brille. Die alte hatte er im Überschwang der Gefühle mit in die Solidaritätssammlung gegeben und so eine Woche lang kaum sehen können. Zuletzt hatte ihn die Blindheit in Budapest geschlagen. Er hatte sich mit Penny in der Donau geliebt und dabei seine Brille mit minus sechs Dioptrien verloren. Penny war Dutzende Male in dem trüben Wasser getaucht, bis sie sie gefunden hatte.

Vor dem Tapetenzentrum ist ein Haufen Briketts abgeladen worden. Leo stapelt daraus einen Turm bis in Haupteshöhe.

Er wischt sich den Kohlestaub von den Händen und erzählt, dass er das Thema seiner Dissertation ändern musste und nun eine Analyse über Wirtschaftsstatistiken schreibt. Der Professor hatte gemeint, dass die Zeit nicht reif sei, um Gedanken über die Reformierung der Wirtschaft öffentlich zu diskutieren.

In diesem Jahr wird unter Honeckers Leitung das Jubiläum zum 500. Geburtstag von Martin Luther gefeiert. An welche Tür müssten Leos Reformthesen genagelt werden?

Vor ein paar Monaten war Leo in Moskau gewesen, er hatte eine Studiendelegation von Mitarbeitern der Akademie der Wissenschaften gebildet. Durch Vermittlung seines Freundes Manfred hatte er in Moskau wichtige Leute des literarischen und politischen Lebens getroffen. Man hatte ihm einen schwarzen Wolga mit Fahrer zur Verfügung gestellt.

Manfred gibt in der DDR sowjetische Literatur heraus. Seine langjährige Einzelhaft verbrachte er mit konzeptioneller Arbeit an der russischen und sowjetischen Prosa. Das Urteil über zehn Jahre Haft war mit Staatsverrat und revisionistischer Gruppenbildung begründet worden.

Der Schriftsteller Tendrjakow, ein enger Freund von Manfred, empfing Leo in Moskau mit armenischem Kognak und einem wichtigen Schreiben ans Politbüro. Darin hatte er Wirtschaftsreformen, mehr Freiheiten für die

Bürger und einen einseitigen Abbau der Atomraketen und der Truppen der Sowjetunion angeregt. Das ständige Wettrüsten drohte nämlich immer mehr zu Lasten des Lebensstandards des Volkes zu gehen.

Auf jener Dienstreise öffneten sich für Leo alle Türen: es war der 11.11.1982 um 11 Uhr 11, als sein ehemaliger Professor mit ihm anstieß und das Ableben des Genossen Breschnew zum Anlass nahm, offen über alle Fragen zu diskutieren. Nachfolger des alten Generalsekretärs sollte Juri Andropow werden. Dieser war Chef des KGB gewesen, befürwortete aber Reformen auf breitester Front. Der Weg war frei.

In seinem Reisebericht hat Leo die Reformaussichten und die Vorschläge zur einseitigen Abrüstung dargelegt, die in der DDR noch nicht bekannt sind. Er hat den Bericht ans ZK und an den Präsidenten der Akademie der Wissenschaften geschickt. Vielleicht bekäme er die Chance, zum ursprünglichen Thema seiner Dissertation zurückzukehren.

In seinem Stimmungshoch lädt Leo mich in die Kneipe ein. Als wir uns setzen, begrüßt er die Nachbarn, indem er mit den Fingerknöchel auf den Tisch klopft. Die anderen machen es ebenso. Unter dem Tisch schläft ein Wolfshund, der nach Kuhstall riecht.

Der Kellner bringt die Bierkrüge und malt mit dem Kugelschreiber einen Strich auf die Pappuntersetzer. Der Mann an der Stirnseite des Tisches sagt, dass ihm finnische Pionierleiter im internationalen Jugendlager in Rostock Letkajenkka beigebracht haben. Einer der Finnen wurde verhaftet, weil er betrunken randaliert hatte. Als die Polizei ihn nach seinem Geburtsort fragte, sagte er: die Sauna.

Letkajenkka ist das Geschenk Finnlands an die Tanzkunst der Welt. Ich würde gern auch die gastronomische Bedeutung unserer Osterspeise Mämmi hervorheben, aber ich weiß nicht, wie sie auf deutsch heißt.

Die Jukebox dudelt deutsche Stimmungslieder. Ein zahnloser Alter lutscht an einer Hühnerkeule. Er wirft dem Hund einen Knorpel hin und erzählt von seinem Nachbarn, dem der Papagei durchs Fenster entwischt ist. Der Mann ist sofort zur Stasi gerannt und hat gesagt, dass er nicht die politischen Ansichten seines Papageis teilt.

Schnee im Zimmer

Leos Kindheitsgefährtin Ilse ist zu Besuch gekommen. Sie hat für ihre Mutter eine ganze Tasche voller Ketchup und Kakao eingekauft, beides ist in Dresden nur selten zu bekommen. Die Mutter hat täglich ihren Spaß an dem großen Leuchtschild *Der Sozialismus siegt*, das zum Zwecke des Stromsparens ausgeschaltet ist.

Ilse und Leo bedienen abwechselnd drei Tasten, die einen blauen, einen roten und einen grünen Würfel bewegen. Es ist ein Vierteljahrhundert her, seit sie zuletzt gemeinsam dieses Zahlenspiel gespielt haben.

Die Ziffer 1 bedeutet Ego, die 2 Wahrheit, die 3 Liebe, die 4 Existenz, die 5 Verderben und die 6 Sieg. Mir ist noch nicht klar geworden, was die einzelnen Zahlenkombinationen der drei Würfel bedeuten.

Leo hat mit seinem Sohn Markus neue Varianten des Spiels entwickelt. Sie waren zusammen nach Karl-Marx-Stadt gefahren, um Ines zu besuchen. Auf dem Weg zu ihr bewarfen sie einen überdimensionalen Karl-Marx-Kopf mit Schneebällen. Plötzlich kam ein Polizist hinter dem Denkmal hervor und behauptete, es handle sich um eine politische Aktion. Markus fragte, wer Marx ist und was politische Aktion bedeutet.

Der Leiter der Polizeidienststelle wollte wissen, was die Motive für die Freveltat gewesen seien. Leo erzählte ihm, dass er sich mit Marx Theorien befasst habe und diesen als bedeutenden Denker schätze. Markus weinte vor Angst. Als er sah, wie stark sein Vater war, begann ihn die Situation zu amüsieren. Das wiederum ärgerte den Dienststellenleiter.

Der nächste verhörende Beamte fragte dasselbe. Leo hielt einen Vortrag über die Bedeutung von Karl Marx. Der Beamte lauschte mit aufgerissenen Augen.

Als ein dritter Beamter erneut dieselben Fragen stellte, begannen Leo und Markus ihr mystisches Zahlenspiel zu spielen. Leo gründete seine Antworten auf die Zahlenkombinationen, die die Würfel anzeigten. Marx' dialektische Methode bekam so im Verlaufe des Spiels neue Nuancen.

Die Stunden verrannen. Leo erklärte seinem Sohn, dass sich nach der chinesischen Philosophie alles Schöne und Richtige auf die Zahl fünf begründet. Der buddhistischen Rosenkranz der Tibeter hat hundertacht

Perlen, für sie ist diese Zahl von besonderer Bedeutung. Schließlich füllte Leo mit den Zahlen, die die Würfel anzeigten, einen Lottoschein aus. Damit gewann er später fünfhundert Mark.

Zur Nacht wurden sie entlassen und durften zu Ines gehen. Sie schalt ihren Bruder für sein ungebührliches Benehmen und fand an der Reaktion der Polizei nichts Verwerfliches. Ich sage zu Leo, dass auch ich das Handeln der Polizisten besser verstehe als das von Präsident Reagan, das sich auf die Horoskope eines Astrologen begründet.

Die Akademie der Wissenschaften erhielt einen detaillierten Bericht über den Vorfall. Der Genosse K. habe versucht, Marx' Augen mit Schneebällen zu verkleistern, habe aber stattdessen den Bart und die Nase getroffen. Die Mitarbeiter lachten. Der Vorsitzende blieb todernst.

Leo versinkt in Gedanken. Als er wieder daraus erwacht, versucht er mich in eine Diskussion über Marx' Entfremdungstheorie zu verwickeln. Ich sage, dass ich lieber mit Ilse Kartoffeln schäle.

Nach dem Essen schlägt Ilse vor, dass wir uns zusammen einen Film ansehen. Im Westfernsehen läuft »Playtime« von Jaques Tati. In der von Gebirge umgebenen Region Dresden kann man nur die Ostprogramme empfangen. Die Leute bekommen ein idealisiertes Bild vom Leben im Westen, wenn sie Sendungen, die sich kritisch damit auseinandersetzen, nicht sehen können. Dieses Bild wird noch bestärkt, wenn die eigenen Sender ständig von der Verderbtheit des Westens predigen. Die Leute werten sogar Berichte über die Arbeitslosigkeit in den kapitalistischen Ländern als Lüge der Ostpropaganda. Ilses Bruder erhielt einen Posten im Ministerium für Volksbildung, weil er aus dem Tal der Ahnungslosen kam.

Der liebenswerte Monsieur Hulot wartet darauf, vom Abteilungsleiter empfangen zu werden. Der einzige Schmuck im Raum sind die Porträts der Direktoren. Das Bild im schwarzweißen Kofferfernseher ist körnig, und so scheint es, als wären die Direktoren in ein Schneetreiben geraten.

Je Tip 5 Zahlen ankreuzen

Sonntag-Ziehung

Mit diesem Spielschein
sind Sie nur an der
Sonntag-Ziehung
beteiligt.

Sie erhöhen Ihre Gewinnchancen
durch Teilnahme am Doppelspiel!

1,-M

10 20 30	9 19 29	8 18 28	7 17 27	6 16 26	5 15 25 35	4 14 24 34	3 13 23 33	2 12 22 32	1 11 21 31

2,-M

10 20 30	9 19 29	8 18 28	7 17 27	6 16 26	5 15 25 35	4 14 24 34	3 13 23 33	2 12 22 32	1 11 21 31

3,-M

10 20 30	9 19 29	8 18 28	7 17 27	6 16 26	5 15 25 35	4 14 24 34	3 13 23 33	2 12 22 32	1 11 21 31

4,-M

10 20 30	9 19 29	8 18 28	7 17 27	6 16 26	5 15 25 35	4 14 24 34	3 13 23 33	2 12 22 32	1 11 21 31

5,-M

10 20 30	9 19 29	8 18 28	7 17 27	6 16 26	5 15 25 35	4 14 24 34	3 13 23 33	2 12 22 32	1 11 21 31

 Tele·Lotto   Tele·Lotto 5 aus 35

Hilde

Gemeinsam mit Leo trage ich Hilde die Kohlenvorräte für den Winter aus dem Keller herauf. Hilde stapelt die Briketts in der Küchenecke und serviert uns dann Linsensuppe und Bier. Sie war früher Buchhalterin in der Brauerei und bekommt hin und wieder einen Kasten Bier als kleines Extra zu ihrer Rente.

Im Wohnzimmer stehen alte Eichenmöbel, ein Klavier, Bücherregale, an der Decke hängt ein Kristallkronleuchter, an der Wand ein Gobelin mit biblischen Motiven. Wir setzen uns aufs Sofa in den Schatten einer Fächerpalme. Die Katze streicht um meine Beine.

Hilde gießt Sherry in Stielgläser und holt einen zerknitterten Brief aus der Kommodenschublade, er stammt von ihrem Mann Thomas und datiert von Weihnachten 1941. Die Buchstaben haben altmodische Schnörkel. Thomas preist die Wollstrümpfe, die Ilse gestrickt hat und die ihm ein wenig die Leiden des Winters erleichtern. Es herrschen neununddreißig Grad Frost. Die Sektflaschen, die die Soldaten zu Weihnachten bekamen, waren vereist. Sie mussten die Flaschenhälse zerschlagen und den Sekt lutschen wie Lollis. Am Schluss schreibt Thomas, dass der Krieg bis zum Sommer vorbei sein und er in die Lychener Straße zurückkehren wird.

Als nächstes erhielt Ilse ein amtliches Schreiben, in dem ihr mitgeteilt wurde, dass Thomas in Stalingrad gefallen sei. Das einzige Kind der beiden war kurz vor Kriegsbeginn bei der Geburt gestorben.

Auch Leos Vater Horst kämpfte an der Front in Stalingrad. Er erfror sich dort die Zehen, und man brachte ihn ins Krankenhaus einer kleinen jugoslawischen Stadt. Dass er die Front verließ, rettete ihm wahrscheinlich das Leben.

Hilde erzählt, dass sie von einer Frau gelesen hat, die irgendwo am Ural wohnt und einen deutschen Soldaten geheiratet hat, der für tot erklärt worden ist. Die beiden dürfen das Dorf nicht verlassen. Durch irgendein Wunder ist es dem Mann gelungen, seinen Angehörigen in Deutschland ein Lebenszeichen zu schicken. Hilde ist überzeugt, dass auch Thomas an irgendeinem entlegenen Ort der Sowjetunion wohnt. Dieser Glaube ist, neben der Katze, der einzige Grund für sie zu leben.

Jahrbuch
für den deutschen Soldaten

Der Speer der Ehre

Der Speer liegt gut in der Luft, er fliegt wie von Zauberhand geführt und landet im Ziegelmehl nahe des Platzes für den Stabhochsprung, etwa zehn Meter hinter dem Rasen. Jubel brandet auf, und dann erscheint an der Anzeigentafel des Jahn-Stadions die Weite: 104,80. Uwe Hohn hat Weltrekord geworfen, als erster die Hundertmetermarke geknackt.

Horst schlägt uns begeistert auf die Schultern. Unglaubliche Leistung! Eine Goldmedaille bei den Olympischen Spielen in Los Angeles wird es trotzdem nicht geben. Der Boykott gegen die Amis ist wichtiger als Medaillen. Leo findet, Amerika hätte unentdeckt bleiben können.

Es gab etwas, das Horst noch mehr begeistert hat, und das war ein Spiel in der Vorrunde der Fußballweltmeisterschaft von 1974. Damals besiegte die DDR das imperialistische Westdeutschland auf dessen eigenem Boden. Horst konnte das Spiel nur im Fernsehen verfolgen. Vor dem Krieg hatte er gemeinsam mit dem Trainer der unterlegenen westdeutschen Nationalmannschaft im selben Dresdener Sportclub gespielt. Das machte den Sieg nur noch wertvoller.

Leo erzählt, dass der Trainer der DDR-Mannschaft vor dem Spiel ein Telegramm erhalten hatte. Darin stand nur SOS, die Abkürzung für Sieg oder Sibirien.

Zu Ehren des eben erzielten Rekords verspricht Horst seinem Sohn Leo den Speer, mit dem Ruth Fuchs ihren ersten Weltrekord geworfen hatte. Er hat den Speer von ihrem Trainer bekommen.

Ich saß 1971 bei den Leichtathletik-Europameisterschaften in Helsinki im Olympiastadion. Ruth Fuchs gewann damals Bronze. Besser erinnere ich mich an den Zehntausendmeterlauf, bei dem der Finne Juha Väätäinen im Schlussspurt Jürgen Haase aus der DDR bezwang.

Wir holen den berühmten Speer bei Horst ab. Renate macht uns belegte Brote und verstreicht wieder so dick Butter, dass ich dort, wo ich abgebissen habe, die Abdrücke meiner Zähne sehe.

Im Gespräch mit Leo zeigt sich, dass wir beide während der Schulzeit Wettkämpfe im Speerwurf bestritten haben. Wir trugen beide das Symbol der Fackel auf dem Ärmel unseres Trainingsanzuges. Wir warfen fast ebenso weit wie Ruth Fuchs in Helsinki, und wenn man unsere Rekorde zusammenrechnet, kommen wir nahezu auf die Weite von Uwe Hohn.

Ein Länderkampf zwischen Finnland und der DDR! Dem Genossen Leo werde ich zeigen, was eine Harke ist. Ich verspreche, ein Eisbein mit Sauerkraut zu essen, falls ich verliere. Entsprechend kündigt Leo an, eine Woche lang nüchtern zu bleiben.

Ich schlage als Wettkampfarena das Olympiastadion vor, wo der Finne Kalervo Toivonen einst im Speerwurf Bronze holte. Jetzt ist für die blauweißen finnischen Farben mindestens Silber garantiert. Leo sagt, dass Hitlers Architekt Speer das Stadion vollendet hat. Es liegt außerdem auf der undemokratischen Seite jenseits des Schutzwalles. Die Arena des vorhin erzielten Weltrekords hingegen ist ihm seit seiner Kindheit lieb und vertraut.

Wir fahren mit Leos Moped zum Jahn-Stadion. Das Gefährt knattert ähnlich wie das alte Moped meines Onkels. Ich sitze auf dem Gepäckträger und halte den Speer aufrecht. Meine Haare wehen im Wind.

Ein Polizist pfeift und fordert uns auf, anzuhalten. Einen Speer auf dem Moped zu transportieren, ist gesetzwidrig. Leo zählt dem Polizisten auf den Zentimeter genau all die Weltrekorde und Olympiasiege auf, die Ruth Fuchs mit diesem Speer erzielt hat. Der Polizist nimmt Haltung an, führt die Hand an die Mütze und wünscht gute Fahrt.

Als wir an der Ampel halten, überquert Katrin die Schönhauser Allee. Sie lädt uns in die Kneipe zum Bier ein. Leo findet, dass ein kleines Bier unsere Motivation nur steigern könne.

Katrin erzählt, dass sie am Morgen Döblins Roman »Berlin Alexanderplatz« gelesen hat. Nach der Lektüre öffnete sie das Fenster ihrer Wohnung. Der Wind wehte aus der Richtung des zentralen Schlachthauses, das im Roman beschrieben wird. Die Schweine quiekten, und es stank. Katrin sah sich gezwungen, vorübergehend den Friedrichshain zu verlassen.

Herr Ober, noch eine Runde Bier und dazu Korn, bitte! Ich schätze die großartigen sportlichen Erfolge der DDR. Der Konkurrenzgedanke ist jedoch ein kapitalistisches Überbleibsel, von dem man sich besser trennen sollte. Leo leert sein Schnapsglas in einem Zug und nickt.

Das Orwell-Jahr

Auf einer internationalen Konferenz in Leipzig ging es um den Einsatz der Arbeitskraft in den sozialistischen Ländern. Leo referierte über die Thesen eines unveröffentlichten Artikels. Nach der Konferenz lud ihn ein unbekannter Mann zum Wodkatrinken in die Bar ein und verwickelte ihn in ein Gespräch über das Thema seines Vortrags.

Auf der Heimfahrt lud ihn ein anderer Mann in den Speisewagen ein. Dieser Mann hatte die braunen Augen des vorigen, nur in einem älteren Gesicht. Leo identifizierte die beiden als Vater und Sohn, und den Vater als Bekannten von Renate.

Der Zug schaukelte und rüttelte. Leo kritisierte die künstlichen Formen der Arbeitsorganisation, die die wirtschaftliche Entwicklung des Landes bremsten. Er sagte, dass er eher für eine Verkürzung der Arbeitszeit plädiere. Der Mann lauschte und sog eifrig an seiner Pfeife.

Sie kamen in Berlin an. In der Bahnhofsgaststätte in Lichtenberg wartete ein extra reservierter Tisch. Die Kellner hatten auch viele andere Tische mit entsprechenden Schildern versehen, was ihre Methode war, sich die Arbeit zu erleichtern und ihre Macht zu zeigen.

Die beiden aßen und tranken und setzten ihr Gespräch fort. Leo sagte, dass er sehr gern über das Thema seines Artikels spreche, dass er sich aber von der Staatssicherheit künftig kompetentere Gesprächspartner wünsche.

Bald nach der Leipziger Konferenz wurde Leo zur Parteikontrollkommission vorgeladen. Der Vorsitzende der Kommission verlas Leos Sündenliste. An der Spitze standen die Schändung des Marx-Denkmals, die Teilnahme am Begräbnis des Dissidenten Robert Havemann und der Auftritt mit einem staatsfeindlichen Vortrag auf einer internationalen Konferenz. Man verlangte von ihm eine Erklärung, mit wem er zusammenarbeite. Er weigerte sich, über andere Personen Auskunft zu geben.

Die Kontrollkommission veranstaltete immer neue Verhöre. Da wurde nicht mit Würfeln gespielt. Leo wies auf Rosa Luxemburgs These hin: Freiheit ist immer die Freiheit der Andersdenkenden.

Schließlich hatte Leo die Nase voll und knallte sein Parteibuch auf den Tisch. Der Vorsitzende lobte Leo als begabten Wissenschaftler, auf den eine bedeutende Karriere wartete. Seine letzte Frage lautete: *Tut es dir nicht leid, uns zu verlassen?*

In der Akademie wurde Leo gekündigt. Er konnte gelegentlich als Reiseleiter für ausländische Touristen arbeiten. Während eine rumänische Reisegruppe im Bus applaudierte, verbrannte Leo gemeinsam mit deren Reiseleiter ein Bild Ceaușescus. Streichholzspiele gehörten nicht zum Berufsbild von Reiseleitern, und beide mussten gehen.

Leo kann nicht einschlafen, obwohl er das *Neue Deutschland* von vorn bis hinten durchgelesen hat. Er öffnet eine Bierflasche und sagt seufzend, dass wir das Orwell-Jahr erleben. Der Schriftsteller Tendrjakow ist gestorben. Er, Leo, ist im selben Alter wie einst Jesus am Kreuz. Che Guevara war, als er erschossen wurde, sechs Jahre älter. Der im Kreml an die Macht gelangte Tschernenko ist ein todkranker Bremser, der allerletzte Hauch des Nachwinters.

Wozu sind wir überhaupt da? Leo vermutet, dass über uns weder ein Buch geschrieben noch dass uns zu Ehren ein Denkmal errichtet wird. Vielleicht ist es gut so. Als nächstes möchte er gern etwas machen, bei dem er seine Hände gebrauchen kann. Er wünscht sich, irgendwann nach der Jahrtausendwende in Paris zu sterben.

Ich erzähle von meiner Großmutter, die einen Lampenschirm anfertigte, indem sie einen Luftballon mit grobem Garn umwickelte. Der Schirm macht ein hübsches Licht.

Laura

Die Gäste der Ausstellungseröffnung stehen auf der Straße und rauchen. Ich entdecke Laura unter ihnen, ich hatte mich mit ihrem Mann Heinrich auf der Bottleparty unterhalten.

Laura erzählt, dass die Beschäftigung mit Kunst in ihrer Familie Tradition hat. Ihr Großvater war Schnapsfabrikant und Kunstmaler gewesen, er hatte ein Porträt Hitlers für die Eingangshalle des Rathauses von Richtenberg geschaffen. Das Gemälde war mit einem Goldrahmen versehen gewesen.

Nach dem Krieg verlor der Großvater seine Fabrik, wurde aber als ihr Leiter eingesetzt. Er schloss mit einem Mitglied der Besatzungsmacht, einem Oberst aus der Ukraine, Freundschaft. Sie vereinbarten, dass der Großvater sein Verbrechen dadurch wiedergutmachte, dass er das Hitlerbild durch einen Obelisk aus Ziegeln ersetzte. Oben auf der Spitze sollte der rote Stern prangen, und die Inschrift am Sockel sollte den Dank an die Befreier ausdrücken.

Laut Aussage des Großvaters kommt man durchs Leben, wenn man trinken, Witze erzählen und Karten spielen kann und freundlich zu Portiers und Oberkellnern ist.

Lauras Vater lehrt in Dresden an der Musikhochschule. Die Stadt hat feste Kantorentraditionen. Fachliches Können wird mehr gewürdigt als in Berlin, wo der Einfluss der Partei stärker ist. Die Studenten des Vaters pflegen jedes Mal krank zu werden, wenn Vorlesungen in Marxismus-Leninismus auf dem Programm stehen.

Laura und Heinrich lernten sich 1973 bei den X. Weltfestspielen der Jugend und Studenten kennen. Sie saßen am Brunnen der Völkerfreundschaft. Die Wolken badeten im Glanz der untergehenden Sonne. Während des ersten Kusses trieb der Wind den Verliebten Wassertropfen ins Gesicht. Bei Nieselregen muss Laura stets an jenen Moment denken.

Heinrich wird wieder für einen Tag herüber kommen, wie Tausende Male zuvor. Längere Besuche sind ihm nicht gestattet. Als bekannt wurde, dass ein Westberliner der Vater von Lauras Kind ist, wurde ihr die Arbeit gekündigt. Neue fand sie nicht, und sie wurde als asozial abgestempelt.

Finanzielle Sorgen hat sie trotzdem nicht. Heinrich kauft Bildbände und Klassiker der Weltliteratur auf, die ihm ostdeutsche Rentner nach Westberlin mitbringen. Er bezahlt ihnen das Doppelte des Ostpreises und verkauft die Bücher dann wieder zum doppelten Preis weiter. Die Westmark tauscht er anschließend schwarz zu einem mehrfach erhöhten Kurs in Ostmark um. Wenn er zu seinen Besuchen herüber kommt, rollt er die Osthunderter zusammen und steckt sie anstelle der Filmrolle in seine Kamera.

Laura studiert Sprachen und besucht Kurse in Kunstgeschichte, beides empfindet sie jedoch als Ersatzbeschäftigung. Sie sehnt sich nach regelmäßiger Arbeit.

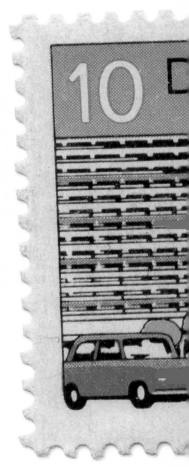

FDJ-Initiative Berlin

FDJ

BERL
108

Wohnkomplex Leipziger Straße

Leo

Alfred

Das Lampenschirmkombinat

Alfred gibt Leo einen Wasserball, den er mit dickem Garn umwickelt hat. Leo streicht mit dem Pinsel Leim auf das netzartige Garngewebe. Die wöchentliche Produktionsnorm ist noch nicht erfüllt, und einige weitere Lampenschirme müssen angefertigt werden.

Auf dem Ofen sind die Garnrahmen zum Trocknen aufgestapelt. Nach zwei Tagen wird die Luft aus den Bällen gelassen, sie werden durch die gehärteten Öffnungen der Rahmen herausgezogen und erneut aufgeblasen. Je weniger Schweiß und Tränen im Kombinat fließen, desto schneller trocknet der Leim.

Ich mache ein Foto von Alfred und sage, dass auch ich gern etwas Konkretes und nach meinem eigenen Zeitplan machen würde. Nur immer im Büro zu sitzen und den Sessel blank zu scheuern, ödet mich an. Ich befürchte, dass der demonstrative Eifer auf meinem Gesicht zu einer Maske erstarrt.

Leo lobt meine Fotos. Er glaubt, dass ich mein Brot als Fotograf verdienen könnte. Unsere Schritte werden kürzer, und wiederholen können wir unser Leben nicht. Nur mutig voran, lieber Genosse!

Es ist Zeit für eine Zigarettenpause. Leo sagt, dass er sämtliches dickes Spezialgarn aufkaufen werde. Eine Verkäuferin hatte versucht, die Garnrollen zu verstecken, als sie sah, dass er das Geschäft betrat. Leo ist zum Schrecken für alle Berliner Garnhändler geworden.

Die Regentage sind der Herstellung gewidmet. Bei schönem Wetter geht Leo mit mehreren verschiedenfarbigen Lampenschirmen durch die Straßen, bis die Leute ihn ansprechen. Der Preis der Schirme richtet sich nach der geschätzten Finanzkraft und den Sympathiewerten des Käufers und bewegt sich zwischen einer und hundert Mark, der Durchschnittspreis liegt bei vierzig Mark, damit ist die Miete der Einzimmerwohnung für anderthalb Monate abgesichert.

Einmal hat Leo an einem Wochenende im Frühjahr fast tausend Mark verdient. Das ist ein Drittel mehr als sein einstiges Monatsgehalt bei der Akademie. Leo findet es gut, unabhängig vom Staat und dessen Almosen zu sein. Die Anfertigung und der Verkauf der Schirme ist individuelle Tätigkeit nach einem kollektiven Alptraum. Leo hat Spaß daran, sich auf der Straße mit seinen Kunden zu unterhalten.

Das Problem ist die Illegalität des Geschäfts. Wenn Leo Polizisten sieht, verschwindet er rasch in einem Hauseingang. Schafft er es nicht, dann behauptet er, die Bälle seien zu Dekorationszwecken für einen Kindergarten bestimmt. Für gewöhnlich glauben ihm die Polizisten nicht und brummen ihm eine Geldstrafe auf.

Nach mehreren Geldstrafen droht ihm Gefängnis. Als Leo innerhalb eines Monats zum dritten Mal geschnappt wurde, fürchtete er das Schlimmste. Er versicherte mit dem Lächeln eines Musterpioniers, dass er nie zuvor Schirme verkauft geschweige denn mit der Polizei zu tun gehabt habe.

Der Polizist überprüfte es am Computer. Die Daten vom letzten Mal waren nicht zu finden, auch sonst nichts Verdächtiges, was ein anschauliches Beispiel für das Niveau der Datenverarbeitung hierzulande ist, zumal Polizei und Armee stets die besten Geräte erhalten.

Einmal hatte Leo sieben Schirme bei sich. Sie passten nicht in ein Polizeiauto, und so fuhr man im Konvoi mit zwei Wagen zur Keibelstraße, in jenes Objekt, in dem Alfred einst als Untersuchungshäftling gesessen hatte. Der Leiter der Dienststelle sagte: Fünftausend Mark, und du bist frei. Darauf erwiderte Leo, dass er sich erschießen werde. Nun gut, also fünfhundert Mark. Leo hielt weiter den Zeigefinger an die Schläfe. Schön, dann fünfzig. Einverstanden, sagte Leo. Für diese Summe hatte er der Sekretärin des Dienststellenleiters einen Schirm verkauft, als der Chef essen gegangen war.

Gefahren fürs Vaterland

Gesine ist im sechsten Monat schwanger. Sie hauste beim Kindsvater Jacob in dessen Einzimmerwohnung, aber dann nahm er sich eine neue Partnerin, und Gesine zog mit ihrer wenigen Habe zu Leo. Wenn das Kind zur Welt kommt, muss sie auch dort raus.

In Berlin bekommt man keine Arbeit, wenn man keine feste Wohnung hat. Den Berechtigungsschein für eine Wohnung bekommt man nicht, wenn man keine feste Arbeit hat.

Gesine rannte von einer Behörde zur anderen. Der Beamte, mit dem sie zuletzt sprach, sagte, dass sie ja unter Umständen noch eine Fehlgeburt erleiden könnte. Sie hob entsetzt die Hände.

Gesine tippt auf Leos Schreibmaschine einen Brief, in dem sie ihre Situation erklärt und die Hoffnung äußert, baldmöglichst eine Wohnung zu bekommen. An den Vorsitzenden des Staatsrates der Deutschen Demokratischen Republik. Sehr geehrter Genosse Erich Honecker…

Als der Brief fertig ist, setzt sich Gesine auf den Rand der Matratze und zündet sich eine Zigarette an. Sie erzählt, dass sie Jacob in einer Schlange im Lebensmittelladen kennen gelernt hat. Beide hatten sich dort angestellt und dann gehört, dass es Ananasdosen geben sollte.

Jacob ist Beleuchter im Berliner Ensemble. Er besorgte Gesine noch für denselben Abend eine Karte für die Vorstellung von »Herr Puntila und sein Knecht Matti«. In der Nacht türmte Jacob Stühle zum Hatelmaberg auf und kletterte hinauf, um Herrn Puntila zu mimen, der betrunken die Schönheit der Landschaft von Häme preist. Zum Schluss verlobte er sich mit Gesine und steckte ihr einen Ring der Gardinenstange an den Finger. Jetzt möchte Gesine ihn am liebsten mit eben dieser Stange verprügeln.

Auf Gesines T-Shirt ist ein weinender Käse abgebildet, darunter steht in handgemalten Lettern *Quality cheese from Holland*. Das Shirt ist ein Geschenk von Gesines Schulkameraden. Sie besuchten gemeinsam die Schule der DDR-Botschaft in Moskau. Gesine bewahrte ihre Hausschuhe in einem Plastikbeutel auf, der dieselbe Aufschrift trug. Ihr Physiklehrer war entsetzt und fragte sie, was sie sich dabei dachte, diesen Beutel zu benutzen. Nichts, sagte sie, sie bewahre darin einfach nur ihre Schuhe auf. Das ist es ja, rief der Lehrer. Gerade wegen solcher Gedankenlosigkeit ist Hitler 1933 an die Macht gelangt.

Der Lehrer war der Ansicht, dass die Bettler von Moskau den Hitlerfaschisten im Krieg als Helfershelfer gedient hatten, und deshalb war der Staat jetzt nicht verpflichtet, für sie zu sorgen. Die Westdeutschen musste man grundsätzlich für Spione halten. Der Warenmangel hatte seinen Grund in der gewaltigen Kaufkraft der Bürger.

Von ihrer Cousine im Westen hatte Gesine Jeans bekommen. Der Lehrer befahl ihr, das Levis-Zeichen abzutrennen. Sie nähte an die Stelle ein Stück Stoff, auf das sie die Fahnen der DDR und der Sowjetunion geheftet hatte. Das Emblem gefiel dem Lehrer, aber den Platz auf dem Hintern fand er unpassend. So musste sie auch diesen Stofffetzen wieder abtrennen.

Als sie einmal Berlin besuchte, trug sie ihren Schlafsack und ihre Kleidung in einem Kartoffelsack bei sich, auf dem abgebildet war, wie aus Schwertern Pflugscharen geschmiedet werden. Auf dem Alexanderplatz wurde sie von der Polizei verhaftet. Unser Vaterland kann man nicht mit Pflugscharen verteidigen, hieß es.

In der Dienststelle gaben ihr die Polizisten eine Schere. Bedingung für ihre Entlassung war, dass sie das Bild herausschnitt. Der Sack gehörte jedoch einem Freund, und so konnte sie ihn nicht zerschneiden. Schließlich bat sie mit Tränen in den Augen einen der Polizisten, die Abbildung zu entfernen.

Als der Polizist an dem Sack herumschnitt, begründete er den Bedarf an Schwertern mit einem Märchen: Der Fuchs traf einen Igel. Wozu brauchst du die Stacheln?, fragte er. Der Igel antwortete, dass die Stacheln seine einzige Waffe gegen Hunde und andere Feinde seien. Der Fuchs lachte spöttisch über den dummen Igel. Ein Fuchs ist schlau und braucht keine Waffen. Da kamen zwei Jagdhunde angesaust. Der Igel rollte sich zusammen und der Fuchs nahm Reißaus. Als die Hunde den Igel beschnupperten, verletzten sie sich die Schnauze und ließen ihn daraufhin in Ruhe. Der Fuchs versuchte die Hunde abzuschütteln, aber sie holten ihn ein und schleiften ihn an den Ohren zum Jäger.

Susanne

Susanne

Im *Café Kisch* herrscht nachmittägliche Ruhe, und Susanne kann sich für einen Moment zu uns an den Tisch setzen. Sie erzählt von ihrer schicksalhaften Bahnfahrt. Auf der Heimreise von Jena dachte sie an ihre Arbeit im christlichen Krankenhaus von Leipzig und an die bedrückende Atmosphäre, die dort herrschte. In einer momentanen Eingebung stieg sie nicht zu Hause aus, sondern fuhr weiter nach Berlin.

Dort hörte sie zufällig, dass im *Kisch* eine Serviererin gesucht wurde, und sie bekam die Stelle. Als sie eines Tages im Park saß und ihren Proviant verzehrte, kam Leo mit einem blauen Lampenschirm vorbei. Susanne wollte den Schirm gern kaufen und bot als Bezahlung die Hälfte ihres Proviants an. Seither leben die beiden zusammen.

Leipzig wird immer dichter vom Braunkohletagebau umzingelt. In Berlins Umgebung hingegen findet man noch große Wälder und Seen, das war für Susanne ein freudige Überraschung.

Am Nachbartisch nehmen drei Männer mit Aktentaschen Platz, Leo erkennt in ihnen Mitarbeiter der Staatssicherheit. Susanne bringt ihnen Kaffee und Kirschtorte.

Als Susannes Schicht zuende ist, gehen wir in die Sauna in der Oderberger Straße. Wir haben einen Saunaquast dabei, den ich aus Zweigen der Hofbirke gebunden habe. Bei dieser Gelegenheit habe ich Leo, mit Blick aufs nächste Frühjahr, gezeigt, wie man Birkensaft zapft.

Der feuchtheiße Dampf umschmeichelt die Haut. Leo schlägt mit dem Quast Susannes schwitzenden Rücken. Einer der anderen Besucher äußert sich verwundert über diesen Masochismus, ein weiterer beklagt sich über die umherfliegenden Blätter. Doch ein alter Mann, der gerade hereinkommt, weist sie zurecht. Sie sollten die wunderbare Sitte und den Duft würdigen, da ihnen diese seltene Gelegenheit geboten wird.

Der Alte hatte im Krieg in einem polnischen Dorf sauniert. Die Birkenzweige wurden in kochendheißem Wasser angefeuchtet, und dann wurde mit ihnen die Haut massiert, ehe man sich peitschte. Das war das faszinierendste Erlebnis im ganzen verfluchten Kriegsabenteuer gewesen.

Tom of Finland

Am späten Abend klopft es bei uns. Herrn Winter brauchen wir nicht mehr zu fürchten, Gott sei Dank. Er ist weg, vielleicht gar nicht mehr am Leben.

Philip aus der Nachbarwohnung möchte sich Zigaretten borgen. Als er merkt, dass Susanne nicht da ist, lädt er uns zu sich auf einen Schnaps ein.

Eine Wand seines Zimmers ist mit den Etiketten von Karo-Schachteln tapeziert, deren Quadrate mit dem Kugelschreiber jeweils unterschiedlich ausgemalt sind. An den anderen Wänden hängen Bilder von muskulösen Männern in Lederbekleidung, des Weiteren Zugschilder und eine Mitropa-Reklame. In der Küche gibt es einen Waschplatz, der aus einem quer durchtrennten Fass besteht, das Wasser wird mit einem Schlauch aus dem Spülbecken hineingeleitet. An dem Fass lehnt eine Bootspumpe.

Auch Philips Mitbewohner bedienen in Mitropa-Speisewagen. Sie lieben das unbeständige Leben, und oft übernachten zusätzlich Arbeitskollegen aus anderen Ländern des Warschauer Paktes bei ihnen.

Wir setzen uns auf das Sofa, das einmal weiß gewesen ist. Philip stellt Bier auf den Tisch und gießt polnischen Graswodka ein. Er hatte die Flasche aus dem Fenster in den verschneiten Hof geworfen und sie wieder herauf geholt, als sie kalt genug war.

Auf dem Tisch liegen das *Neue Deutschland* und Zugfahrpläne, daneben steht eine zeitlos aussehende weiße Kaffeetasse. Würde man den Namen Mitropa entfernen, dann würde die Tasse, wie Leo findet, in die Kollektion einer italienischen Designfirma passen.

Philip schwenkt ein Tablettenröhrchen, das er nicht mehr braucht. Er hatte als Kind Hepatitis gehabt, die jedoch nicht mehr als Hinderungsgrund galt, als er zur Armee gehen sollte. Seine Mutter besorgte daraufhin für den Arzt ein Urlaubsquartier an der Ostsee. Im Gegenzug gab der Mann Philip vor der Musterung Tabletten, die seine Leberwerte negativ beeinflussten.

Der Chef der Musterungsstelle befahl Philip, ein halbes Jahr später zu neuerlichen Tests zu erscheinen. Er sagte: Sie als Zweimetermann sind ein guter Kugelstoßer, ein ausgezeichneter Kämpfer und Fahnenträger. Wir brauchen Sie!

Fünf Jahre lang ging Philip zweimal jährlich zu den Tests und nahm jeweils vorher die Tabletten ein. Gestern bekam er die endgültige Freistellung, sodass es Grund zum Feiern gibt. Prosit!

Mit Blick auf die Zeitung sage ich: ihr habt das *Neue Deutschland*, wir haben Uusi Suomi, das Neue Finnland, allerdings ein konservatives Blatt. Beide haben ihre eigene feste Vorstellung von einer guten Gesellschaftsordnung und den ihr drohenden Gefahren.

Philip erzählt, dass er sich auf dem Markt der sowjetischen Stadt Vyborg Männerporträts gekauft habe, die von Tom of Finland stammen. Er lobt Toms Kunst. Auch der Dichter und vielseitige Künstler Jean Cocteau gehörte zu Toms Bewunderern, und Cocteau wiederum war ein Freund Picassos.

Philip zeigt uns eine Halskette, die er auf demselben Markt gekauft hatte. Angeblich bestand sie aus echtem Gold, doch das Material lief bald grün an. Näher als bis nach Vyborg ist er nicht an Finnland herangekommen.

Ich mache ihn darauf aufmerksam, dass Vyborg früher zu Finnland gehörte. Wir verloren es in einem gemeinsamen Grenzkonflikt, kurz vor dem Grenzkonflikt zwischen dem Dritten Reich und der Sowjetunion. Um ein Haar wäre Vyborg später erneut zu Finnland gekommen. Nikita Chruschtschow und Urho Kekkonen verhandelten am Lagerfeuer über die Rückgabe. Man trank und erzählte sich Witze. Zum Schluss gab Nikita Sergejewitsch nach: Choroscho, ihr bekommt Vyborg vielleicht, wenn der neue Kanal, der dort hinführt, fertiggestellt ist. Bedingung wäre gewesen, dass Finnland Ostdeutschland anerkennt.

Leider wurde Nikita vor Freigabe des Kanals abgesetzt. Kekkonen führte das Gespräch mit dem Genossen Breschnew fort. Eine Grenzverschiebung wäre laut dessen Aussage ein schwieriger Präzedenzfall gewesen. Dies war der offizielle Grund. In Wahrheit hatte Leonid Iljitsch den Vertrag mit einem öffentlichen Kuss besiegeln wollen. Das wiederum passte Urho Kaleva ganz und gar nicht.

Ich verspreche, die auf dem Hof wachsende Birke als Birke anzuerkennen. Bedingung ist, dass ich zur Belohnung noch eine weitere Flasche Radeberger Bier bekomme.

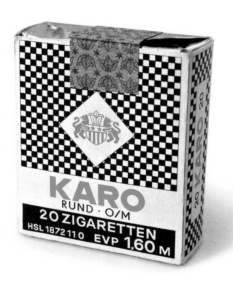

Ballhaus Berlin

Zu beiden Seiten des hohen Tanzsaals gibt es Spiegel von der Decke bis zum Fußboden. Gipsengel fliegen an den Wänden. Auf den Tischen stehen nummerierte rote Lampen und schwarze Telefone.

Das Orchester spielt Hans Albers' Lied *In Hamburg an der Elbe*. Ich rufe den Tisch Nummer 27 an und bitte Claudia zum Tanz. Wir hatten uns in der Schlange am Einlass miteinander bekannt gemacht.

Nach dem Tanz setzen wir uns zusammen. Am anderen Tischende redet ein türkisch aussehender Mann auf eine Frau ein, die ein geblümtes Cretonnekleid und blondierte Dauerwellenlocken trägt. Ein Kellner im Frack bringt uns eine Flasche Sekt im Eiskübel.

Claudia formt aus dem Metalldraht des Korkens einen Sektquirl, rührt damit in ihrem Glas und erzählt von ihrer Arbeit in der Bibliothek von Marzahn. In jenem Stadtteil wohnt sie auch, eine halbe Stunde Straßenbahnfahrt vom Stadtzentrum entfernt.

Im Sommer hat sich Claudia unmittelbar vor ihrem Urlaub das Bein gebrochen und musste ins Krankenhaus. Arbeitskollegen, die selbst Kinder haben, nahmen Claudias Kinder vorübergehend zu sich. Heute Abend sind die Kinder bei einer Nachbarin. Das Bein ist wieder in Ordnung, und Claudia genießt es zu tanzen.

In ihrer neuen Wohnung hat Claudia eine Innentoilette und eine Dusche, und die Räume sind immer warm. Alle Mieter zogen gleichzeitig in das Hochhaus und waren sofort untereinander per Du. Sie gründeten einen Mieterverein, der im Keller einen Gemeinschaftsraum einrichtete und Grillabende veranstaltete. Claudia organisierte einen Basar, mit dessen Einnahmen Blumenrabatten für den Hof finanziert wurden.

Die Familien kauften auch ihre Möbel gemeinsam ein. Größe und Schnitt der Wohnungen geben die Plätze für Sofas, Tische und Schränke vor. Beim Anstreichen der Balkons konnten alle ihrer Phantasie freien Lauf lassen.

Claudia hat ihre Kinder auf die Warteliste für einen Trabant setzen lassen. Im besten Falle sind sie in zehn Jahren an der Reihe, wenn sie gerade im

Führerscheinalter sind. Einen gebrauchten Trabi bekäme Claudia schneller, aber der wäre sehr viel teurer als ein neuer.

Vom Boden des Sektglases steigen unaufhörlich Bläschen auf. Claudia wundert sich, wo die alle herkommen. Kaffee, Schokolade und andere Köstlichkeiten erhält sie zuweilen von ihrer Cousine aus Hamburg. Die Pakete riechen herrlich, das Einwickelpapier bügelt Claudia auf, um es erneut zu benutzen. Manchmal sind die Pakete jedoch mit dem Messer durchstochen.

Die Cousine in Hamburg schämt sich dafür, wie ihre Landsleute in der DDR auftreten, sie glauben Kolonialherren zu sein, vor denen die Leute im Osten dienern müssen.

Das Tischtelefon klingelt. Ein Herr vom anderen Ende des Saals bittet Claudia aufs Parkett. Er verbeugt sich und reicht ihr seinen Arm. Das Orchester spielt einen Slowfox: *Sag, wie heißt du*. Auf der Tanzfläche entsteht Gedränge.

Ein Soldat der Nationalen Volksarmee tanzt mit einer Frau, die, nach ihrem Bartflaum zu urteilen, eine Spitzensportlerin sein könnte. Daneben drückt ein Mann seine Glatze zwischen die Brüste einer üppigen Frau. Sie blickt über die schwitzende Glatze hinweg in die Ferne. Die Szene könnte aus einem Fellini-Film stammen.

Der Türke sieht auf die Uhr. Er erzählt, dass er in einer Schuhfabrik auf der Westseite arbeitet. Seine eigenen Schuhe kauft er im Osten, wo man sie zu einem Spottpreis bekommt. Jede Nacht muss er vor zwölf Uhr zum Grenzübergang, um die obligatorischen fünfundzwanzig Westmark in Ostmark umzutauschen. Dann fährt er zu seiner Verlobten zurück. Morgens fährt er mit der U-Bahn zur Arbeit und kehrt abends wieder auf die Ostseite heim.

Der Sekt ist aus, aber bulgarischer Rotwein ist noch zu haben. Wir stoßen miteinander an. In dem heißen Saal wirkt der kalte Rotwein erfrischend. Sein Geschmack erinnert Claudia an den Sandstrand am Schwarzen Meer. Sie hofft, im nächsten Sommer wieder hinfahren zu können. Wie nur findet sie bis dahin einen Mann?

Die Schutzpolizei hilft

Ich bin bekleidet mit einer Lammfelljacke, die vom Flohmarkt stammt, unter der Hose trage ich gefütterte lange Unterhosen aus hiesiger Produktion, die ich in Finnland beim Billiganbieter Anttila gekauft habe, und auf dem Kopf eine Wollmütze. Das Nachtgeschirr in der Ecke der Schlafnische ist mit einer dünnen Eisschicht überzogen. Ich schalte das Radio ein und krieche wieder unter die Decke.

Nach einem Wiener Walzer folgen die Nachrichten: Aufgrund der Rekordkälte gibt es Schwierigkeiten in der Wärmeversorgung unseres Landes. Sicherheitskräfte sind zur Unterstützung der Arbeiter in den Wärmekraftwerken abgestellt worden. Es wird erwartet, dass sich die Situation im Laufe des Tages entspannt.

Susanne und Leo erwachen. Ich erzähle ihnen von der Rundfunkmeldung und verspreche, beim Heizen der Wohnung zu helfen. Ich schichte Briketts in den Ofen, schnitze Holzspäne zu recht, stecke sie ebenfalls hinein und entzünde sie. Rauch quillt heraus. Ich habe vergessen, die Klappe zu öffnen.

Als die Kohlen endlich brennen, schließe ich die Ofentür. Immer noch dringt Qualm heraus. Ich äußere die Vermutung, dass die Qualitätskontrolleure des Kohlekombinates bei diesem Posten Briketts geschlafen haben. Leo richtet sich im Bett auf und sagt, dass die Kohlen richtig durchgebrannt sein müssen, ehe man die Tür schließen kann.

Leo hat gestern in der Kaufhalle aus der vereisten Reihe von Milchtüten ein Exemplar herausgerissen. Er hat an die heißen Sommerwochen denken müssen, die er mit Susanne auf einem Campingplatz verbracht hatte. Dort ging man nur unbekleidet, sogar zum Einkaufen und zum Essen in der Gaststätte. Die Spießbürger spielten als Nackedeis für ein par

Sommerwochen freies Leben, wenigstens für kurze Zeit. Für die Virilität sind klirrende Fröste und Pelzbekleidung eher von Vorteil, wie Leo bemerkt hat.

Ich bringe die Teekanne ins Zimmer, fülle die Becher und mische Wodka unter.

Leo zeigt mir die Antwort auf einen Brief, den er mit Weggefährten an den Genossen Gorbatschow geschickt hatte. Sie hatten dem Sowjetführer ihre Solidarität bekundet und ihm Vorschläge für die Entwicklung von Staat und Wirtschaft gemacht.

Zwei Wochen später kam eine vierseitige handgeschriebene Antwort, sie stammte von Leos ehemaligem Professor. Dieser war nach Breschnews Tod Rektor der Universität geworden. Der Professor bedankte sich für den Brief und kommentierte die Vorschläge, bedauerte aber, dass er hinsichtlich einer Debatte über die einzelnen Punkte an die offiziellen Kanäle gebunden sei. Er sei jedoch stolz auf Leo, der so konsequent seinen Weg verfolge, und er äußert den Wunsch, Leo noch einmal zu begegnen.

Im Zimmer lässt es sich bereits ohne Pelz aushalten. Gegen Mittag kommt eine neuerliche Rundfunkmeldung. Im Großkraftwerk Senftenberg hat es eine Explosion gegeben.

Wichtige Telefonnummern

Volkspolizei **110**

Feuerwehr **112**

Rettungsamt **115**

Telefonnummer der 500er-Blockleitung: ....

14.

Leo und Susanne

Frische Fische

Ich komme unverrichteter Dinge aus dem Fischladen zurück. Es gab nur Konserven, und daraus eine Fischsuppe zu kochen, ist nicht verlockend. Susanne klopft mir auf die Schulter. Alles ist gut, solange man, wenn man ein leeres Einkaufsnetz trägt, noch weiß, ob man aus dem Laden kommt oder auf dem Weg dorthin ist.

Leo dreht für Susanne und sich selbst Zigaretten. Rauchringe steigen auf und bilden bald einen bläulichen Schleier. Also wieder Kohlsuppe?

Lass uns doch im Weißen See angeln! Ich erläutere die edle Idee des Eisangelns, die Sibirien die Bewohner des Nordens gelehrt hat. Schwierig dabei sind die Termini. Susanne und Leo kennen ja die ganze Methode nicht.

Einen Eisbohrer, Blinker oder Würmer bekommen wir so auf die Schnelle nicht. Leo besitzt jedoch eine Axt, Angelschnur und einen Angelhaken. Als Rute mag der hölzerne Schaft der Fahne des Jugendverbandes und als Gewicht für den Blinker eine Plakette für Solidarität mit Vietnam dienen.

Forellen mögen Mais, und ich glaube, dass er Karpfen ebenfalls schmeckt. Danken wir dem Genossen Chruschtschow dafür, dass er einst, angeregt durch seinen Amerikabesuch, mit umfangreichem Maisanbau begann. Der Genosse Ulbricht ließ es sich nicht nehmen, dem Beispiel zu folgen. Die geliebten Staatsoberhäupter waren auf bewundernswerte Weise offen für Neues.

Wir verstecken die Axt in einer Tasche. Wenn ich für Finnland ein neues Wappen entwerfen müsste, kämen eine Axt und eine Bügelsäge hinein. Auf diese beiden Werkzeuge begründet sich unser Wohlstand. Der gekrönte Löwe, der ein Schwert schwenkt, ist als Symbol allzu weit hergeholt.

Wir kaufen in der Kaufhalle eine Dose Mais. Die Straßenbahn kommt wie auf Bestellung. Während ich vor dem Fahrscheinapparat stehe, zieht Leo meterweise graues Papierband von der Rolle. Er will damit seine Wohnungstür umrahmen, Hunderte Male *Gültig für eine Fahrt.*

Auf dem Eis ist außer uns niemand zu sehen, und das *Milchhäuschen* scheint geschlossen zu sein. Ich schlage mit der Axt in das Eis. Mir rinnt der Schweiß, und mein Atem dampft.

Das ist eine Arbeit, für die wir starken Männer geschaffen sind, und nicht dafür, Entfremdungstheorien zu wälzen. Hätten wir ein Handtuch dabei, würde ich gleich ein größeres Loch fürs Eisbaden schlagen. Ich schöpfe Atem, nehme einen Schluck aus dem Flachmann und gebe Leo die Axt.

Auf geht's! Ich spieße Mais auf den Haken, spucke auf den Köder und lasse ihn bis fast auf den Grund sinken. Die Angelschnur zittert, und aus dem Loch hebt sich eine kleine Plötze. Bald zappelt eine zweite Plötze auf dem Eis. Leo schlägt vor, dass wir aus der Bäckerei fünf Brote holen und die Leute des ganzen Viertels speisen.

Mir kommt ein Satz in den Sinn, den mein Cousin zu sagen pflegte: *Ich bin der kleine Sperling meines Schöpfers, und er ernährt mich jeden Tag...* Wenn er zum Tanz ging, steckte er eine flache Plastikflasche mit Schnaps in die Gesäßtasche und eine lebende Brachse in die vordere Hosentasche. Das Getränk gab ihm Mut, und die Brachse sorgte bei den langsamen Stücken für Wirkung.

Die Karpfen haben heute keinen Hunger. Ich setze probehalber ein Plötzenauge als Köder ein. Leo zieht den ersten Barsch und gleich anschließend eine Plötze aufs Eis. Wir fangen etwa ein Dutzend Fische, dann ist der Köder aufgebraucht. Ich nehme die Beute aus und hebe die Innereien für Hildes Katze auf.

Die Kartoffeln und Möhren sind schon geschält. Susanne schneidet gerade Zwiebeln und blickt ungläubig in die Plastiktüte. Stammen die Fische vom Händler in der Schönhauser Allee?

Alfred ist dem Vernehmen nach so betrunken, dass er seine Bude nicht verlassen kann. Leo schlägt vor, dass wir bei Alfred essen. Der kürzeste Weg dorthin führt über das Dach.

Auf der vereisten Fläche rutscht Leo aus, der dampfende Kochtopf saust in Richtung Schornstein. Leo bereut, mit Bibelsprüchen Scherze getrieben zu haben. Gespeist werden jetzt die Vögel, Geschöpfe der Natur, – vielleicht sollte es so sein.

André

Der Toaster stammt aus dem Müll, er ist sonst in Ordnung, wird aber nicht heiß. André sagt, dass auf einem der Glühdrähte ein Niet sitzt, der mit einem Spezialmeißel befestigt werden muss. Leo macht ein Foto von seinem Cousin und geht dann zu Philipp, um dessen Werkzeugtasche zu leihen.

André hat von klein auf Weihnachtsschmuck gebastelt, Modellflugzeuge und Autos gebaut. Er hat gerade in der thüringischen Kleinstadt Hermsdorf die Schule beendet, dort wurden im Unterricht auch handwerkliche Fertigkeiten gelehrt. André möchte in Berlin Elektrotechnik studieren und glaubt, dass ihm seine Geschicklichkeit dabei von Nutzen ist.

Andrés Vater arbeitet in einem Kombinat, das Keramikteile für die Elektroindustrie herstellt.

An den Abenden haben beide gemeinsam mit Werkzeug aus dem Kombinat für ihren Nachbarn einen Zaun und ein Tor gebaut. In die eine Hälfte des Tores haben sie Hammer und Sichel geschweißt, die mit einem Kreis umgeben sind, und in die andere Hälfte das Hochzeitsjahr des Mannes. Auch die erforderlichen Metallrohre für den Zaun stammten aus dem Kombinat. Material zu entnehmen, ist im Prinzip verboten, in der Praxis aber erlaubt. Als Belohnung hat ihnen der Nachbar ein Schwein geschenkt, aus dem sie Wurst gemacht haben.

Die Arbeit in der Produktion gehört zum schulischen Programm. So lernen die Schüler das Arbeitsleben kennen. André musste in einer Schweine-mastanlage Dung schaufeln, was ihm nicht gerade als Traumberuf erschien.

Die Schüler der unteren Klassen bleiben nach dem Unterricht in der Schule und erledigen ihre Hausaufgaben, bis ihre Eltern von der Arbeit kommen. Auch in jenem Alter machte André lieber Bastelarbeiten.

Bei einer Verlosung gewann er ein Huhn und baute ihm ein Gehege. Das Huhn, das aus dem Dunkel des Geflügelkombinats kam, taumelte herum und fand nicht den Fressnapf. Es musste von Hand gefüttert und mit der Pipette getränkt werden. Nach zwei Wochen konnte es sehen. Es war jedoch bösartig und hackte nach jedem, der in seine Nähe kam. Andrés Mutter verarbeitete es schließlich zu Brühe.

Die Schule besaß einen großen Garten, in dem jede Klasse ihr eigenes Beet hatte. Die Aussaat des Gemüses, das Jäten des Unkrauts und das Bewässern der Pflanzen erledigten alle gemeinsam. Die Ernte wurde an die Schüler verteilt.

Ich erzähle, dass auch in Finnland früher an den Volksschulen Gemüsebeete gehalten wurden und dass die Schüler für die Schulküche Preiselbeeren pflückten. Auf dem Lande gehörte manchmal ein Hühnerstall mit zu den Naturalien, die der Lehrer bekam. Heutzutage muss den Leuten alles auf dem Silbertablett serviert werden.

André zieht den Niet fest. Leo legt das zweite Klavierkonzert von Rachmaninow auf. Er schneidet Brotscheiben und nimmt die Butterdose aus der Plastiktüte, die außen am Fenster hängt.

Das Gerät funktioniert! Aber Leo ist nicht sicher, ob es auch in der Theorie arbeitet.

Leo streicht Butter auf eine warme Brotscheibe und kostet. Er erkennt, dass erst ein Toaster das Leben lebenswert macht. Doch es lohnt nicht, den verlorenen Jahren nachzutrauern. Immer vorwärts!

Ein Geschenk von Honecker

Gesine macht Alfred eine wütende Szene. Er hatte versprochen, ihre neue Wohnung zu malern, doch erst zwei Wände sind bepinselt, und das auch noch in einem schrecklichen Rosa. Alfreds tägliche Ginflasche ist leer, und Gesine begreift, dass es sinnlos ist, mit ihm überhaupt zu reden.

Weil Alfred fünf Jahre mit seiner Miete im Rückstand gewesen war, hatte ihm eine Haftstrafe gedroht. Auf Leos Vorschlag hin hatte ihm Gesine für die Begleichung seiner Schulden Geld aus ihrem Erbe geliehen, obwohl sie hochschwanger und zu dem Zeitpunkt ohne Wohnung gewesen war. Alfred hat noch nicht mal damit begonnen, das Geld zurückzuzahlen.

Keiner weiß, ob Gesine die Wohnung per Zufall oder dank ihres Briefes an Honecker bekommen hat. Als sie einzog, wurde die Straße vor dem Haus von Blut gereinigt. Jemand war aus dem Fenster der siebzehnten Etage gesprungen. Trotz der Schaben ist die Wohnung einigermaßen in Ordnung. Für ihr Kind hat Gesine einen Platz in der Kinderkrippe bekommen, die sich in unmittelbarer Nachbarschaft befindet.

Leo zündet sich eine selbstgedrehte Zigaretten an und zeigt ein Foto, das er in Kaluga, einer geschlossenen Stadt am Rande von Moskau, gemacht hat. Auf dem Schwarzweißfoto sitzen Menschen auf dem Fußboden, in der Mitte steht eine Kerze. Wegen des Dämmerlichtes sind die Gestalten nur schemenhaft zu erkennen.

Gesine studierte in Kaluga russische Sprache und Literatur. Leo besuchte sie dort gleichzeitig mit Lena, die Gesine bereits seit ihrer Schulzeit kannte. Der Pförtner des Wohnheims ließ keine Fremden ein. Daraufhin kletterte

Leo an der Regenrinne ins zweite Stockwerk hinauf, Lena konnte sich am Pförtner vorbei mogeln. So hausten sie zu dritt in dem kleinen Zimmer. Nach ein paar Nächten petzte jemand die Anwesenheit der Gäste an den Leiter des Wohnheims.

Die Polizei vertrieb die Besucher. Gesine wurde aufgefordert, einen Reuebrief an die Botschaft der DDR zu schicken und ihren illegalen Aufenthalt durch einen politischen Treueschwur wieder gut zu machen. Als sie sich weigerte, wurde sie wie eine Verbrecherin mit dem nächsten Flugzeug nach Hause geschickt.

Gesine drückt ihre Kippe aus und sagt seufzend, dass sie überall rausgeschmissen wird. Das ist ihr Los.

Eine Stoßstange aus Altarbildern

Leo will für Manfred zu dessen sechzigstem Geburtstag eine verchromte Stoßstange besorgen, denn die alte wurde ihm geklaut. Ich schwinge mich auf den Gepäckträger seines Mopeds.

In dem schmuddeligen Lager liegen Teile von Trabi und Wartburg wie Kraut und Rüben durcheinander. Der Betreiber ist bereit, vom Wrack eines Trabis eine Stoßstange abzubauen. Als Bezahlung will er eine ungarische Salami von einem Kilo Gewicht.

Wir fahren zurück nach Berlin. Der Mann im Fleischerladen sagt, dass er derzeit keine Salami im Angebot habe. Leo fragt ihn, was er für eine Salami haben will. Der Fleischer erwidert, dass er eine Pornokassette brauche. Sein Nachbar sei bereit, im Gegenzug eine Karte fürs Kabarett zu besorgen. Die ironischen Aufführungen der »Distel« sind dem Fleischer zwar zu hoch, doch ein Bekannter, der Angler ist, hat ihm für die Karte einen geräucherten Aal versprochen, und auf den ist der Fleischer scharf, wie er sagt.

Leo bleibt in der Lychener Straße, und ich fahre weiter gen Westen. Meine Jackenärmel werden zu Flügeln. Auf der Karl-Marx-Allee saust das Vehikel mit sechzig Sachen dahin, ich komme mir vor, als säße ich auf einem fliegenden Teppich. In Gedanken höre ich das Stück »Born to be wild« der Gruppe Steppenwolf: *Lookin' for adventure / And whatever comes our way...*

Ich parke das Moped ein gutes Stück vor dem Grenzübergang Warschauer Straße. Eine Gruppe Rentner drängt sich am Kontrollpunkt.

Ein Grenzer greift mich aus der Masse heraus, führt mich in eine fensterlose Kabine und fordert mich auf, meine Taschen zu leeren und den Inhalt auf den Tisch zu legen. In den Tiefen meiner Taschen findet sich ein Stadtplan von Berlin, Einkaufslisten, Silkes Gedicht, die Produktbeschreibung von Hühnerfutter, gelochte Straßenbahnfahrscheine, eine Sicherheitsnadel, eine Zwanzigpfennigmünze und das schriftliche Programm vom Begräbnis meiner Patentante mit einem Vers über die Himmelsfreuden. Meine Tante hatte vor ihrem Tod bereits befürchtet, Gott habe sie auf der Erde vergessen.

Der Polizist erklärt, dass das Geld der DDR nicht ausgeführt werden darf. Ich lasse die Münze auf dem Tisch liegen. Nun liest der Mann Silkes Gedicht und wird, aus seiner Miene zu schließen, nicht schlau daraus.

Was ist das für ein markiertes Objekt hier auf der Karte? Mein Freund hält dort Dienstags Kurse in Marxismus-Leninismus ab, auch Sie, Genosse Major, können gern teilnehmen, es ist eine offene Veranstaltung. Und dann frage ich ihn meinerseits, wer die Sicherheitsnadel erfunden hat. Er antwortet nicht, sondern will die Bedeutung einer weiteren markierten Stelle wissen. Dort betreiben wir an den Wochenenden Gruppensex, doch das Männerkontingent ist leider schon voll.

Auf der Westseite des Schutzwalls riecht es nicht nach Braunkohle. Blinkende Pfeile laden zum Betreten des Pornoladens ein. Die schönsten Altarbilder Deutschlands? Der Betreiber des Ladens versichert, dass das Etikett ausgetauscht worden ist, um die Grenzpolizisten zu täuschen.

Der Uniformierte an der Grenze fragt nach dem Zweck der Kassette. Ich sage, dass sie der Stärkung des Glaubens meines arbeitslosen Freundes dienen soll. In unserem Land gibt es keine Arbeitslosen! Ich bestätige seine Ansicht und darf passieren.

Das Moped schnurrt los. Ich muss an Eino Poutiainen, den Sekretär der umstrittenen Finnischen Landpartei denken, der sein Moped Gesinnungssämaschine nannte. Er fuhr damit in den entlegenen Gegenden herum und verteilte an das vergessene Volk Wahlbroschüren, die von den Lügen der betrügerischen Obrigkeit berichteten.

In der Lychener Straße steigt Leo wieder mit auf. Der Motor klingt heller als vorher. Bald haben wir den Fleischerladen erreicht.

Die Videokassette startet. Maria Magdalena trauert zu Füßen des Erlösers, über ihr am Himmel die Heiligen, die Jünger auf dem stürmischen Meer, das bekannte Altarbild der Marienkirche... Scheiße, der Klassenfeind hat mich reingelegt!

Der Fleischer erkennt an, dass wir im guten Glauben gehandelt haben. Zum Trost schenkt er uns ein paar Scheiben Salami und eine Flasche Bier.

Das giftgrüne Neonschild *Fleisch & Wurst* beleuchtet das Dunkel der Welt. Wir setzen uns unter das Schild, um den nächsten Schritt zu planen. Da kommt der Fleischer herausgerannt und übergibt uns eine Salami. Alles klar! Nach den anfänglichen Altarbildern ging es zur eigentlichen Sache.

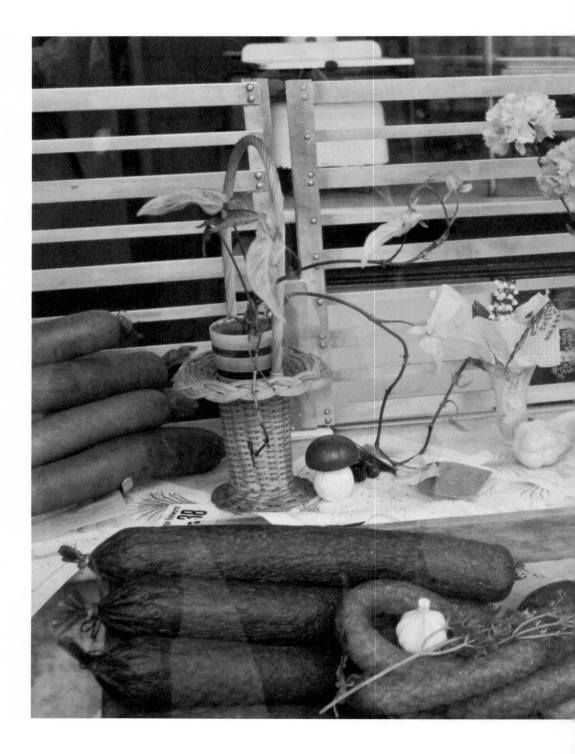

Lena

Deutsch ist schrecklich schwer, und Lena möchte mit Leo russisch sprechen. Leo ist bei seiner Mutter, um zu baden, kommt aber bald.

Lena sagt auf Finnisch, dass sie mich liebt, lacht gleich darauf und bietet mir aus ihrer Flasche einen Schluck Privat Weinbrand an. Berlin gefällt ihr besser als Moskau, nur sind hier zu viele Deutsche.

Ich frage, was sie hergetrieben hat. Lena tritt ans Fenster und blickt betrübt in den Hof. Als Kind wurde sie von einem Nachbarn missbraucht. Ihre Mutter kümmerte sich nicht um sie, und ihr Vater war ständig betrunken. Den Schulbesuch brach sie ab.

Noch als Erwachsene wurde sie herumkommandiert wie ein Kleinkind. Schlafen konnte sie nur mithilfe von Tabletten. Sie versuchte sich in Moskau als Krankenschwester, doch auch das klappte nicht.

Daraufhin begann sie sich mit Ausländern zu treffen, die im Restaurant des Hotels der Akademie der Wissenschaften verkehrten. Sie bevorzugte Finnen. Oft genügte es, wenn sie mit ihnen bis in die frühen Morgenstunden trank. Der Betreiber des Hotels hatte Verbindungen nach allen Seiten, und er akzeptierte die Treffen.

Kari war dienstlich nach Moskau abkommandiert. Er wurde Lena zu einem engen Freund, und sie nahm kein Geld mehr von ihm. Kari hatte ein großes Herz und einen kleinen Penis, für den er sich schämte. Nach einer gemeinsam verbrachten Nacht fragte er Lena nach den Busverbindungen in Tampere. Er wollte auf den Markt fahren, um die lokale Spezialität, die schwarze Wurst, zum Frühstück zu holen. Allmählich begriff er, dass er in einem Moskauer Hotel aufgewacht war. Er barg seinen Kopf in den Kissen und schluchzte.

Lena hatte genug Geld, um ihren Freunden zu helfen, aber sie bekam Schwierigkeiten mit der Mafia. Eine ihrer Freundinnen wurde getötet.

Lena beneidete Gesine und Leo um deren Leben und wollte unbedingt nach Berlin ziehen, denn sie glaubte, dadurch würde alles besser für sie.

Ein Junggeselle aus Berlin wurde gebraucht, damit die Heirat arrangiert werden konnte. Leo überredete Alfred dazu und besorgte routiniert die erforderlichen Papiere, am Ende war es eine ganze Mappe voll. Das Arrangement brachte Abwechslung in Alfreds Leben als Toilettenwart.

Die Nacht vor der Hochzeit verbrachte Lena bei Gesine. Am Morgen musste sie sich dermaßen beeilen, dass sie sich erst im Taxi schminken konnte. Im Standesamt wurde vom Tonband russische Kirchenmusik gespielt, und abends auf dem Hinterhof in der Lychener Straße Rock. Zur Nacht ging Lena wieder zu Gesine.

Lena bietet mir erneut einen Schluck Weinbrand an. Sie hat keine einzige Nacht bei Alfred verbracht, diesbezüglich hatte sie alles von vornherein klargestellt, aber Alfred beklagt sich, und das stimmt Lena traurig. Trotzdem akzeptiert er ihre Entscheidung. Das hat noch nie jemand getan.

Ihren ersten deutschsprachigen Satz hat sie von Alfred gelernt: *Küss mich, küss mich, oh Bambina, keine küsst so schön wie du.* Ich weiß aus Schulzeiten noch den Spruch: *Mit dem Hute in der Hand kommt man durch das ganze Land.*

Jetzt wohnt Lena zur Untermiete in einem Hochhaus, dessen Wandplatten nicht richtig abgedichtet sind, sodass Wasser eindringt. Die riesige Wohnsiedlung könnte genauso gut in Moskau stehen. Wenn Lena anfangs mal ihre Adresse vergessen hatte, fand sie nur schwer wieder nach Hause. Sie vertritt gelegentlich Hilfspfleger in einem Krankenhaus, in dem Russen behandelt werden. Aber die Arbeit ist so trist!

Lena ergreift meinen Arm und preist ihre schöne Schwester, die ebenfalls aus der Sowjetunion raus möchte. *Heirate meine Schwester!*

Lena&Alfred

Hinterhof der Zukunft

Maren hüpft über die Straße und schwenkt ihr Einkaufsnetz. Im Licht der untergehenden Sonne läuft ihr Schatten hinter ihr her.

Ein Windhund, geführt von einem alten Mann, ist zu langsamer Gangart gezwungen. Der Hund bleibt an einem Laternenpfahl stehen. Maren tätschelt ihn, fragt nach seinem Namen und läuft mit fliegenden Zöpfen weiter. Das Netz malt eine Acht in die nach Braunkohle riechende Luft.

An der Ecke beim Waschsalon wirbelt Maren durchs Tor in den Hinterhof der Zukunft. Vielleicht erahnt das Mädchen bereits die Kürze des Sommers, jedoch noch kaum die des Lebens. Sie vermisst nichts.

Montags sitzt Alfred im Waschsalon, auch wenn er nichts zum Waschen dabei hat. Er weiß, dass dann die großbusige Opernsängerin kommt. Sie kleidet sich, als stünde sie auf der Bühne, und singt immergrüne Operettenmelodien.

Die Rue de Ly hat sich geleert. Die Laternen gehen an und künden von einer stillen Nacht.

Eine absolute Geheimsprache

Im Bierrestaurant des Palasthotels höre ich finnische Wortfetzen. Ich geselle mich zu der Runde. Beate unterhält sich mit den Korrespondenten der linken Zeitungen Kansan Uutiset und Tiedonantaja über Kindererziehung. Sie arbeitet gelegentlich für die beiden als Babysitter.

Warum, um Himmels willen, gerade Finnisch? Beate sagt, dass sie schon als Kind Sprachen für den Schlüssel zur Welt hielt. Greifswald erschien ihr als der geeignete Ort, und dort konnte man nordische Sprachen studieren. Beim Aufnahmegespräch fragte der auf isländische Literatur spezialisierte Professor, welche Länder zu den nordischen gezählt wurden. Beate vergaß Finnland, und deshalb bestimmte der Professor, dass sie Finnisch lernen sollte. Island hatte sie genannt.

Den ersten großen Einsatz als Dolmetscherin hatte sie zu Beginn der 1980er Jahre, als eine von Aarne Saarinen geleitete Delegation der Kommunistischen Partei Finnlands Berlin besuchte. Gastgeber beim Abendessen war der Sekretär für internationale Beziehungen beim ZK, ein kleiner, fröhlicher Mann. Den ganzen langen Abend hindurch wurden Witze erzählt. Einige waren so beschaffen, dass sie, aus dem Munde eines gewöhnlichen Durchschnittsbürgers, für Probleme gesorgt hätten. Beate fragte sich, ob sie ausgerechnet dafür fünf Jahre Finnisch studiert hatte.

Das Zentralkomitee der Partei ließ sich Zeitungsartikel aus dem Land der Gäste übersetzen. Dann las ein Funktionär die Übersetzungen durch und nahm die kritischen Stellen heraus oder glättete sie zumindest.

Während der Besuche von Delegationen floss reichlich Alkohol, die Gastgeber veranlassten ihre Gäste, mehr zu sagen, als ihnen lieb war. Hinterher machten sie sich darüber lustig, wie gern die Finnen tranken.

Besonders wichtige Dinge wurden hinter verschlossenen Türen verhandelt, oder in der Sauna, dort war ein Dolmetscher des Außenministeriums dabei. Außerhalb der Konferenzen konnte sich Beate unbesorgt mit den Gästen unterhalten. Finnisch war für die Stasi eine absolute Geheimsprache.

Ich hole eine neue Runde Bier. Die Korrespondenten diskutieren den Racheangriff der USA auf die Ölraffinerien des Iran. Aufgrund des Angriffs hat sich die Position des Irak auf dem Meer gefestigt.

Es ist erholsam, mal wieder finnisch zu sprechen. Beate sagt, dass sie sich oft mit einer Finnin unterhalten habe, die hier an ihrer Dissertation über ein geschichtliches Thema geschrieben habe. Es sie ihr bekannt gewesen, dass die Frau der Stasi Berichte über die Dolmetscher geliefert habe, aber das habe sie nicht gekümmert.

Urho Kekkonen machte Ende der 1970er Jahre als erstes westliches Staatsoberhaupt einen offiziellen Besuch in Ostberlin. Zum Entsetzen der Sicherheitsleute ging er abends allein in die Stadt.

Als Mauno Koivisto die DDR besuchte, war Beate als eine von drei Dolmetschern mit dabei. Beim Abendempfang ließ eine junge Kellnerin in ihrer Aufregung das Tablett fallen, und Sekt spritzte auf die Hosen der beiden Staatschefs. Die Kellnerin schrie hysterisch, dann folgte Stille. Erich Honecker sah sich ratlos um. Sein Gesicht war stets leblos wie eine Maske.

Beate kommt viel herum und trifft interessante Menschen. Für ihre Freunde kopiert sie aus dem im Westen erscheinenden Tagesspiegel die Programmübersicht fürs Westfernsehen.

Den ausländischen Gästen werden die Perlen des Kulturlebens geboten, und Beate kommt mit in den Genuss. Die traditionsreichen Klangkörper wie das Leipziger Gewandhausorchester und die Dresdener Staatskapelle gehören zu ihren Favoriten. Als Kind hatte sie die frühere Berliner Hauptbühne, das Schauspielhaus, als Ruine gesehen. Es war ein unglaubliches Gefühl für sie, ein Konzert in dem neu errichteten Gebäude zu erleben. Sie mag auch die gesellschaftskritischen Stücke an der Volksbühne.

Die Schwierigkeiten des Alltags belasten Beate kaum. Sie wohnt jetzt auch recht angenehm. Als sie nach Berlin zog, bestand ihre Wohnung aus einem fünf Meter hohen Zimmer in einem Gespensterhaus. Sie war die einzige Bewohnerin. Das Haus stand in der Nähe des Bahnhofs Friedrichstraße. Aus dem Fenster sah Beate eine Eisenwand, hinter der sich der westliche Teil des Bahnhofs befand. In Potsdam hatte sie aus dem Fenster ihres Elternhauses ein Feld mit Apfelbäumen und dahinter einen See bewundert.

In der Bierstube ist Ausschankschluss. Die Kellerbar im Opernpalais hat noch geöffnet.

Bestellen Sie die DDR-Revue.

Das Heer der Sklaven feiert

Der Fußboden biegt sich unter dem Gewicht der Gäste. Vor der Toilette, die zwischen den Etagen liegt, herrscht Andrang. Wer es am eiligsten hat, geht in den Hof. In den leeren Weinflaschen stecken Kerzen, und die Lampenschirme aus Leos Produktion sind in der Ecke gestapelt.

Renate trinkt den Wodka pur. Sie erholt sich allmählich von Horsts Tod. Ihre gemeinsame Parisreise ist ein Traum geblieben. Leo würde gern mit Renate hinfahren und sein in Moskau gelerntes Französisch anwenden. Da es nicht möglich ist, hat er seiner Mutter versprochen, mit ihr nach Moskau zu reisen.

Nach Paris gäbe es, so weiß Susanne, eine gute Bahnverbindung, aber die Parteimumien halten das Tor zum Irrenhaus geschlossen. Man bevormundet die Bürger von der Wiege bis zum Grabe.

Auch Gesine ist der Meinung, dass am System vieles falsch ist, doch man muss lernen, es zu ertragen. Wenn man sich mies fühlt, gibt man oft den Machthabern die Schuld, weil man sich nicht mit den wirklichen Gründen befassen will. Man lastet die eigene Unzufriedenheit dem Sozialismus an.

Alfred quengelt wie ein Kleinkind und findet immer neue Gründe zum Saufen. Auch Leo trinkt zu viel. Gesine hat versucht, Lena zu aktivieren, aber die hängt nur zu Hause herum. Viele glauben, dass es woanders schöner ist – zum Beispiel in Paris. Dieser Glaube hebt die Stimmung.

Gesine behauptet, dass der Sozialismus stirbt, weil er ein Gipssozialismus ist. Der Kapitalismus wiederum stirbt, weil er echter Kapitalismus ist. Die einzige Alternative ist echter Sozialismus.

Eine dampfende Suppenschüssel wird hereingetragen. Gesine bricht Weißbrot und lobt die Bügelfalten ihres Vaters Manfred. Er hängt die Hosenbeine an die Wäscheschnur und steckt runde, aus Blei gefertigte

Lenin-Plaketten in die Taschen. Zum Glück läuft er hier wenigstens nicht nackt herum, so wie er es zu Hause zu tun pflegt.

Manfred hat als Präsent zu der Feier Michail Bulgakows Roman »Der Meister und Margarita« mitgebracht. Er hat dafür gesorgt, dass das Buch 1968 in der DDR veröffentlicht wurde. In der Sowjetunion war es ein Jahr zuvor erschienen. Nach harten Kämpfen ist eine deutschsprachige Ausgabe von Bulgakows gesammelten Werken zustande gekommen, für die Manfred die Nachworte geschrieben hat.

Ich erzähle vom Roman »Heimatland« des finnischen Schriftstellers Alpo Ruuth, der die Abwanderung der finnischen Arbeitskräfte nach Schweden zum Thema hat. Eine Übersetzung des Romans erschien vor zehn Jahren in der DDR. In der übersetzten Version sind Stellen mit Irrlehren über die Weltpolitik, Aufsässigkeiten von Rekruten gegenüber ihren Vorgesetzten, Auseinandersetzungen zwischen Arbeitern sowie besonders realistische Liebesszenen herausgestrichen worden.

Der Zigarettenrauch beißt mir in die Augen. Als ein Teil der Gäste gegangen ist, öffnet Leo das Fenster und schafft in der Mitte des Zimmers Platz für eine Tanzfläche. Rockmusik dröhnt, und ein Gespräch ist nicht mehr möglich.

Die Tanzenden toben sich paarweise und in Gruppen aus. Gesine hopst mit bloßen Füßen herum, lacht und scherzt. Plötzlich verstummt die Musik, und das Licht geht aus. Wieder mal hatte irgendein Hausbewohner genug vom Lärm und sorgte mit einem Griff zum Hauptschalter für Ruhe.

Gesine ruft alle Anwesenden ans Fenster und stimmt die Internationale an. Die anderen singen mit: *Reinen Tisch macht mit dem Bedränger, Heer der Sklaven, wache auf!*

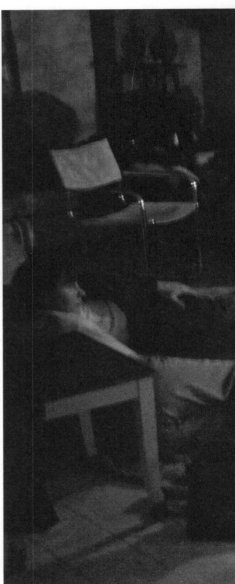

Wir in Leos Kemenate.

In einen besseren Sozialismus

Ein roter Wartburg stoppt neben uns, und der Fahrer kurbelt das Fenster herunter. Herr K., wohnen Sie immer noch in der Lychener Straße 16? Leo wundert sich, woher der Mann seine Adresse kennt.

Der Mann fordert uns auf einzusteigen. Durch das Knattern des Motors hindurch sagt er, dass er noch viel mehr wisse als die Adresse. Die zwanzigjährige Laufbahn sei jedoch zuende, und jetzt fahre er schwarz Taxi.

Die Ampel schaltet auf Rot. Der Mann wischt sich den Schweiß von der Stirn und erzählt von den Problemen mit seinen Vorgesetzten. Er habe zuviel Verständnis für die Perestroika und Herrn K.'s Vorschläge gehabt. Der letzte Tropfen sei für ihn gewesen, dass die deutsche Ausgabe der Zeitschrift *Sputnik* verboten worden sei, weil das Blatt angeblich die Geschichte verfälschte und nicht mehr zur Förderung der Freundschaft zwischen der DDR und der Sowjetunion beitrug.

Wir kommen in die Lychener Straße. Leo erschrickt: er wollte eigentlich nicht nach Hause, sondern in die Straße Unter den Linden, in das letzte Café vor der Mauer. Also in Ihr geliebtes *Café Kisch?*, vergewissert sich der Mann.

Nach einem Blick in den Spiegel fragt er, ob Herr K. sauer auf ihn sei. Leo sagt, dass es dafür keinen Grund gebe. Er sei endlich frei, und es gehe ihm besser als zu Akademiezeiten.

Seine Beichte und die Tatsache, dass es Herrn K. gut geht, sind dem Mann eine Erleichterung. Er hatte befürchtet, dass der eingefleischte Wirtschaftswissenschaftler einen Zusammenbruch nach seinem Rausschmiss aus der Akademie erleiden würde. Gegen diesen Rausschmiss hatte er, der Mann, protestiert.

Ich frage ihn, ob er seine Arbeit bei der Stasi bereut. Er erwidert, dass ohne sein Wirken die führenden Genossen noch mehr in die Irre gegangen wären. Über alles wurden Informationen gesammelt, aber aus den Splittern entstand kein vernünftiges Ganzes. Schließlich kannte sich überhaupt niemand mehr aus.

Fehler habe er allerdings gemacht, so bekennt er. Er habe allzu oft Herrn K.'s Informationen und Vorschläge in dessen Namen benutzt, weil er geglaubt habe, dass sie helfen würden. Das sei ihnen schließlich beiden zum Verhängnis geworden, und das bedauere er. Die Aufgabe der Stasi sei es gewesen, das System zu stabilisieren, nicht zu reformieren.

Er erwähnt Herrn K.'s damaligen Wunsch nach kompetenteren Kontaktpersonen. Dieser Wunsch hatte ihn amüsiert, und er hatte ihn tatsächlich erfüllt.

Auch sein eigenes Leben hat sich zum Besseren gewendet. Wenn er Leute herumfährt, kann er mit ihnen von Mensch zu Mensch reden und sich ihre wirkliche Meinung anhören. Zum Glück hat seine Frau ihre Arbeit in der Schokoladenfabrik behalten.

Leo sagt, dass die Schokolade aus der volkseigenen Fabrik zu einem Drittel aus Möhren bestehe. Sie sei gesünder als jene, die die Kapitalisten herstellen.

Ist dieser Wagen, der Stolz von Eisenach, das letzte Geschenk der Stasi? Der Mann lächelt verlegen. Während seiner Laufbahn hatte er in den Westen fahren können und sich dort diesen Wartburg Sedan de luxe gekauft. Er läuft wie ein Traum.

Der Wagen hält, und wir steigen alle aus. Auf eine Bezahlung verzichtet der Mann. Auf der einen Straßenseite befindet sich die Botschaft der Sowjetunion, auf der anderen das *Café Kisch*.

Wie wird es uns ergehen?, fragt der Mann und blickt in die Richtung der Botschaft. Nach Leos Meinung befinden wir uns an einem entscheidenden Wendepunkt. Wir folgen Gorbatschow und entwickeln mit seiner Hilfe einen besseren Sozialismus um diesen zu retten. Öffnen, demokratisieren und dezentralisieren! Der Genosse Honecker wird wohl oder übel in seinem Büro einen Tapetenwechsel im Stile Gorbatschows vornehmen müssen.

Wir siegen, sagen Leo und der Mann wie aus einem Munde und umarmen einander. Der Mann bestellt Grüße an Leos Frau, die schönste Serviererin des Cafés.

ES JUGENDFESTIVAL D

...erheft 1.–3.6. 1979

Teilnehmerheft

Die Liebe endet nie

Silke entdeckt im Gras eine reife Erdbeere. Ich warne sie davor, die Beere zu pflücken. Wer Beeren aus Gottes Garten isst, bekommt Schorf an den Lippen.

Ich lege mich auf den Bauch, stütze die Kamera auf einen Baumstumpf und fotografiere die Erdbeerpflanze. Den Hintergrund des Arrangements bildet ein steinerner Sarg, dessen Deckel von einem Engel geöffnet wird. Ich wechsle die Perspektive und sage, dass ich mich zum Fotografen ausbilden lasse. Vorwärts immer, rückwärts nimmer!

Im Frühjahr wanderte ich über den Friedhof und stellte mir vor, was die Leute denken werden, wenn sie Blumen an mein Grab bringen. Hier ruht ein Mann, der seiner Behörde bis zum bitteren Ende diente? Mir fielen Leos ermunternde Worte ein, und ich kündigte meinen Dienst.

Der Engel blickt ins Innere des Sarges. Der Frosch, der sich dorthin verirrt hat, springt an der moosbewachsenen Wand hoch, rutscht aber immer wieder zurück. Schließlich erstarrt er gänzlich, nur sein Hals pocht. Silke hebt ihn heraus, setzt ihn ins Gras und gibt ihm die Freiheit.

An der Mauer, über dem Engelskopf, steht in steinernen Buchstaben: *Die Liebe höret immer auf.* Das n vor dem immer ist abgefallen. Oder abgeschlagen worden?

Fauler Karpfen

Die *Altberliner Bierstube* ist gerammelt voll. Rex, der an der Theke lehnt, erzählt, dass er die tollen Sprünge von Matti Nykänen bewundert. Ich finde, dass Jens Weißflogs Leistungen fast dasselbe Niveau haben. Rex meint, dass der Stil der Machthaber vom Hammer-und-Sichel-Deutschland an das Geflatter des englischen Skiadlers Eddie Edwards erinnert, dass ihnen aber Eddies Mut und Liebenswertheit fehlen. Sie versuchen die Phantasie und die Träume zu töten.

Mit der Polizei hat Rex seit seiner Schulzeit zu tun. Zuletzt war er verhaftet worden, weil er Graffitis gesprüht hatte. Der Text lautete *Gorbatschow is Future*, und mit kyrillischen Buchstaben *Glasnost*.

Die Lizenz für die Rockband »Herbst in Peking«, die Rex leitet, liegt auf Eis. Doch unsere Auftritte können die Bullen sowieso nicht verhindern, sagt er. Privatleute stellen der Band Räume zur Verfügung, obwohl sie damit ein großes Risiko eingehen. Der Kampf hält uns auf Trab, wir erleben spannende Zeiten!

Die Band entstand vor zwei Jahren. Die DDR-Bürokraten behaupteten, dass die Chinesen Einwände gegen den Namen hätten. Der Kulturattaché der chinesischen Botschaft betrachtete die Verwendung des Namens jedoch als große Ehre. Es ist der Titel eines Romans des französischen Schriftstellers Boris Vian. Vian war außerdem Jazzmusiker. Er spielte bis zum Schluss Trompete, obwohl er wusste, dass sich sein Lungenleiden dadurch verschlimmerte.

Einige Kompositionen und Texte stammen von Rex selbst. In der Musik finden sich Anklänge an Dadaismus und PosthipPunk. *Leon Trotzki, Movie stops tomorrow, Immortality, Bakschischrepublik* und *La derniére valse* sind einige der beliebtesten Stücke.

Im Spätwinter trat die Band in der Garnison der Roten Armee in Weimar auf. Es machte Spaß, die Besatzer, die jetzt so freundlich waren, zu unterhalten. Der Chef der Garnison übergab den Musikern eine prächtige Urkunde.

Auch in der Samariterkirche sollten die Band ursprünglich spielen, doch der Gemeindepastor sagte im letzten Moment ab. Er fürchtete, dass die Polizei eingreifen könnte. Nach einem Rockkonzert in der Zionskirche hatten Skinheads den Platz gestürmt.

Ihr letztes offizielles Konzert hatte die Band im Juni in Brandenburg. Dreitausend Leute waren anwesend, darunter Vertreter des Jugendverbands, die Stasichef Erich Mielke hingeschickt hatte. Mielke wurde übrigens am Tag der unschuldigen Kinder geboren.

Sechs Tage zuvor hatte es auf dem »Platz des himmlischen Friedens« blutige Zusammenstöße gegeben. Der Name der Band war da wie ein Omen. Bei dem Konzert schlug Rex eine Schweigeminute für die getöteten Opfer vor. Der größte Teil des Publikums befolgte den Vorschlag, doch die Leute vom Jugendverband buhten und forderten die Musiker auf zu verschwinden.

Rex bestellt sich ein neues Bier und zeigt mir ein Telegramm, in dem der Band mitgeteilt wird, dass ihr die Lizenz entzogen worden ist und dass die Mitglieder im Berliner Rathaus erscheinen sollen.

Dort verlas ihnen der Kulturchef der Stadt ein Protokoll der Stasi, in dem alles aufgeführt wurde, was in dem Konzert gesungen, gesprochen und getan worden war. Der Mann zupfte an seinem kleinen schwarzen Hitlerbärtchen und wiederholte die Sündenliste der Band: sie hatte mit einer Schweigeminute die Konterrevolutionäre in China unterstützt, sie hatte die Rechtmäßigkeit des Wahlsystems der DDR in Zweifel gezogen und auf Englisch ein Spottlied über den rumänischen Staatschef gesungen. Wegen dieser Provokationen durfte die Band nicht mehr vor sozialistischem Publikum auftreten.

Dann fragte der Kulturchef, ob die Mitglieder der Band etwas zu sagen hätten. Rex antwortete: Ihr Ende ist nah. Er wünschte dem Mann Glück und übergab ihm einen ins *Neue Deutschland* eingewickelten verfaulten Karpfen.

За нашу Советскую Родину!

НАШ ЛОЗУНГ ДОЛЖЕН БЫТЬ ОДИН — УЧИТЬСЯ ВОЕННОМУ ДЕЛУ НАСТОЯЩИМ ОБРАЗОМ... = В. И. ЛЕНИН

ГРАМОТА

НАГРАЖДАЕТСЯ

коллектив группы "ХЕРБСТ ИН ПЕКИНГ"

за высокое исполнительское мастерство и укрепление Советско-Германской дружбы.

НАЧАЛЬНИК ДОМА ОФИЦЕРОВ ГАРНИЗОНА ВАЙМАР

= КРТАЕВ =

10 марта 1989 года. г. Веймар

Изд. № 6/9020. Г-390580.

3-я тип. УВИ МО. Зак. 614.

Herbst in Peking: Dr. Totenhöfer, Benno, Rex & Alexander.

Für unsere sowjetische Heimat!

Unsere Losung kann nur eine sein
— die Kriegsführung richtig zu erlernen...
W.I.LENIN

URKUNDE

ES WIRD AUSGEZEICHNET

Das Kollektiv der Gruppe »Herbst in Peking«
für hohe Meisterschaft des Vortrages
und Festigung der Sowjetisch-Deutschen
Freundschaft

Leiter des Hauses der Offiziere
der Garnison Weimar
= Jurtajew =

Weimar, den 10.März 1989

Die Sterne funkeln

Das Filmtheater Babylon leert sich, und der ganze Bekanntenkreis versammelt sich draußen vor dem Gebäude. All jene, die keine Karte bekommen hatten, haben im Park gewartet. Leo schlägt vor, baden zu gehen.

Wir wandern gemeinsam zur Straßenbahnhaltestelle. Silke macht Tanzschritte und erzählt, dass sie Fellinis »Schiff« das erste Mal in einem Schwarzweißfernseher gesehen hatte. Der Film lief im Westprogramm, das man nur empfangen konnte, wenn man einen in der Sowjetunion gekauften Heizlüfter einschaltete. Das sehr effektive Gerät ließ sich nicht regulieren. An diesem Tag war es sehr heiß, und die Temperatur im Wohnzimmer erreichte Saunaniveau. Niemand beklagte sich oder rührte sich von der Stelle.

Die Fernsehzuschauer empfanden Mitleid mit den Heizern, die sich unten im Kesselraum abplagten. Der Kapitän des Schiffes gab den Passagieren von oben Einblick in den Kesselraum. Er erklärte, die Heizer seien so an die Hitze gewöhnt, dass sie erkrankten, wenn man sie aufs Deck gehen ließ.

Die Figuren, die Szenen und die Stimmung des Films hatten Silke nicht losgelassen. Jetzt hat sie es genossen, das Luxusschiff und die traumhafte Kulisse in Farbe und aus einem kühlen Kinosaal heraus zu betrachten. Dieses Erlebnis reicht bis zur Vorstellung im nächsten Monat. Dann wird im Babylon Tarkowskis »Nostalgia« gezeigt.

Wir setzen uns auf Holzbänke, die von heißer Luft aus der Heizung gewärmt werden. Die Wände der alten Straßenbahn haben Holzpaneel. Glühlampen mit Messingsockel leuchten von der Decke herab.

Ich erzähle eine Szene aus einem Film von Luis Buñuel. Der Fahrer und der Schaffner einer zum Verschrotten verurteilten Straßenbahn machen, beide betrunken, die letzte Fahrt. An der Haltestelle am Schlachthof nehmen sie Arbeiter auf, die gerade ihre Schicht beendet haben. Die Arbeiter hängen Teile von geschlachteten Tieren mit Haken an die Gepäckablage. In den Kurven schlagen die Fleischstücke gegen die Fenster.

Im hinteren Teil der Helsinkier Straßenbahnen saß früher ein Schaffner, der die Passagiere in zwei Sprachen aufforderte, im Gang weiter durchzugehen. Viele Schaffner stammten aus den schwedischsprachigen Gebieten. Auf Schwedisch lautete die Aufforderung: Stig framåt på gången.

Silke erinnert sich, dass ich beim Hinterhoffest erzählt habe, die finnische Sprache hätte fünfzehn Fälle. Brecht sagte, die Finnen schweigen in zwei Sprachen. Da die Sprache so schwer ist, findet Silke es nur natürlich zu schweigen.

Die Bahn rumpelt durch die Klement-Gottwald-Allee. Wir passieren den jüdischen Friedhof, der sich rechterhand befindet. *Poschli! Wuichodim!* Beim Brecht-Haus fordert Silke auf Russisch alle Freunde zum Aussteigen auf.

Der Großherzog von Österreich-Ungarn ließ in Fellinis Film Wachteln mit Trüffeln servieren. Wir holen uns jetzt aus dem Laden süßen bulgarischen Rotwein, Brot und Käse. Vom Kassettenrekorder dröhnt der Beatlessong *Across the Universe.*

Vom Ufer des Weißen Sees steigt leichter Nebel auf. Wir werfen unsere Kleidung ins Gras und laufen Hand in Hand in breiter Front in den See. Das Wasser spritzt, Gekreisch ertönt. Jene, die vorn am Ufer geblieben sind, bespritzen sich gegenseitig mit Wasser. Ich schwimme mit Silke zur Fontäne, die mitten im See sprudelt.

Die Lichter des *Milchhäuschens* spiegeln sich auf der glatten Oberfläche. Ein Karpfen springt, dadurch entstehen Wellen, die sich als Ringe entfernen und mit der Lichtbrücke verschmelzen. Am gegenüberliegenden Ufer sprühen die Leitungen der Straßenbahn Funken. Auch sie bekommt ihre Kraft von oben.

Ich drehe mich auf den Rücken und lasse den Körper treiben. Der Sternenhimmel ist klar wie in meiner Kindheit. Die kleinen Sternlein funkeln, hab keine Angst, du bleibst nicht im Dunkeln.

© Olli Karttunen

© Juhani Seppovaara

Juhani Seppovaara
Fotograf und Autor

Juhani Seppovaara, geboren 1947 in
Helsinki, arbeitete ein Vierteljahrhundert
als Volkswirtschaftler bei der finnischen
Zentralbank. 1980 lernte er auf einer
internationalen Konferenz in Budapest
den Kollegen Leo K. aus Ost-Berlin
kennen. In den folgenden Jahren besuchte
er ihn regelmäßig und beobachtete mit
sympathisch-kritischem Blick das Leben
im real existierenden Sozialismus.
　　Ende der 1990er Jahre hängte
Seppovaara seinen Job an den Nagel,
um als freier Fotograf und Autor das
zu tun, was ihm wirklich Spaß macht:
Schreiben und Fotografieren. Inzwischen
sind in Finnland 18 Bücher von ihm
erschienen, vor allem über volkstümliche
Baukultur. Seine Fotos wurden bereits in
Paris, Madrid, Berlin und St. Petersburg
ausgestellt. Seppovaara lebt heute
abwechselnd in Helsinki und in Berlin.

juhani.seppovaara@kolumbus.fi
www.kolumbus.fi/juhani.seppovaara

Minna Luoma
Grafikdesignerin

Minna Luoma und Juhani Seppovaara
haben gemeinsam 14 Bücher gestaltet.
Von diesen Büchern haben vier den Preis
des finnischen Buchkunst-Komitees
für das schönste Buch erhalten. „Unter
dem Himmel Ostberlins" wurde 2007
ausgezeichnet.

candy@candygraphics.fi
www.candygraphics.fi

3,50